1週間1500円で
毎日おいしい

てんきち
母ちゃんの

はじめての
自炊

井上かなえ

ダイヤモンド社

自炊をしたい！ と願うすべての人へ

　本書は、これからひとり暮らしを始めようとする学生さんや、新社会人、突然の転勤、単身赴任などで料理をせざるを得なくなった方など、今まで料理する機会があまり無かったけれど自炊を始めたいと思う人のために作った料理本です。

　初心者の方は、自炊を始めようと思っても、道具や調味料は何を用意すればいいのか、買い物は何をどのくらい買えばいいのかすら、分かりませんよね。でも大丈夫！　これ1冊さえあれば、必要最低限の調理器具や家電製品、揃えておくべき最小限の調味料から、1週間約1500円（1食200円前後！）で毎日の夜ごはんを自炊するための買い物のコツや食材の保存方法まで全部分かります！

　しかも、学校や仕事から疲れて帰ってきても、初心者でも簡単にパパっと"確実においしく"作れるレシピを選び抜きました。たった2品の材料で作れる超簡単料理から、作ってみたい定番の"あこがレシピ"まで、順番にステップアップしていけるように構成していますので、まずは最初から順にページをめくってみてください。

そもそも、本書を作ったきっかけは、これまであまり料理をして
こなかった長女がひとり暮らしを始めることになったから。半年後
には学校を卒業して、いよいよ快適な実家から出ていく長女に、い
ろんなことを教えておかねばと焦る気持ちはあるけれど、お互いに
忙しくてなかなかゆっくり教える時間もない……。そんなお母さん
の気持ちを、この本にこめました。

　自炊への道は、最初はごはんを炊くだけでもよいのです！
ちゃんと毎日きっちり作らねば……、という使命感ではなく、自分
で作ったほうが、安いし、おいしいし、楽しい！という成功体験を
重ねることが、自炊を続けていく原動力となります。そうすればい
つの間にか気合いを入れて頑張らなくても、自然に台所に立って料
理ができるようになります。

　何か困ったことがあったらこの本を開いてみてください。
やる気が出ないなと思った時にも開いてみてください。
一人で少し寂しくなった日にもそっと開いてみてください。
忙しい日にもそうじゃない日にも。
きっと、そんな今のあなたに寄り添ったぴったりのレシピが見つか
るはずです。

Lesson 1

最強の組み合わせ！

2つの食材だけで料理を作る！ … 34

【マンガ】2つの食材で何種類も料理はできる … 35

Prelesson

週1500円で毎日おいしい

自炊を
始める準備

自炊を始めたいと思ったら、何が必要?
まずは最低限用意しておきたい調理器具や、
基本の食材や料理の基礎知識などを知っておきましょう!

自炊をすればお金もたまる！

「てんきち母ちゃん」として
デビューしてから早18年

今ではN●Kの
長寿料理番組にも
出演〜！

ブログ開設当時は
まだ4歳だった長女のなーさんは
今年大学を卒業して社会人に
なり、ひとり暮らし開始！

仕事忙しいと
毎晩外食かな〜

家賃…光熱費通信費〜

健康 仕事
初めてのひとり暮らし
大丈夫かな…

料理 お金…

私が料理の仕事をしてるので
なーさんは家で料理をする
隙がなく
料理は初心者レベル

よし
できたっ

冷凍うどんを
チンした
釜玉うどん

なーさんの自炊ライフ
スタートです！

わたし
自炊する！

えっ!?

めっちゃ浮くやん！
やり方教えてや！

毎晩外食してたら
1カ月3万円近くかかるし
栄養もかたよるわ！

自炊やったら
夜ごはん代
1週間1500円！
月6000円でOK！

Goods

調理器具＆グッズ

ひとり暮らしで自炊をするときに便利な調理器具とキッチングッズを集めました。
狭い台所でも使える、コンパクトでシンプルな機能のものがおすすめです！

調理器具

直径18センチの片手鍋＆蓋

直径18センチ程度のテフロン製が、取り回ししやすくラク。やかん代わりにお湯を沸かすのにも使える。蓋はセットの透明のものがおすすめ。

直径22センチのフライパン＆蓋

直径22センチ程度、テフロン製がおすすめ。縁の高さが高いものを選ぶとパスタなどもゆでられて使い勝手がよい。蓋は透明が中が見えて◎。

3合炊き炊飯器

3合まで炊けるコンパクトな大きさのものがベスト。ひとり暮らしなら1回に2〜3合炊いて1食ごとに分け冷凍しておくのが無駄のないコツ。

電子レンジ

シンプルな機能のものでOK。冷凍品の解凍や少量の調理に便利。金属や琺瑯の容器、アルミホイルなどは使えないので、調理の時は注意して。

オーブントースター

ホイル焼きや、焼き魚、グラタン、朝のトーストなど、様々に使える。備え付けの魚焼きグリルなどがあれば、それで代用することもできる。

写真（家電製品）/Shutterstock

ボウル
レンジに使える20セン
チ程度の耐熱素材がお
すすめ

ざる
ボウルと同じ大きさ
くらいのもの

キッチンバサミ
肉などまな板なしで
切れるので便利

包丁
なるべく切れるもの
を。時短にもなる

まな板
1センチ厚みくらい
のプラが軽くて◎

菜箸
少し長めだと炒め物
も油はねが怖くない

おたま
汁物をすくったり、
鍋をする時に必要

フライ返し
へら部分が大きいも
のが返しやすい

へら
耐熱のシリコン製が
使いやすい

計量カップ
200mlで5mlごとの
メモリがよい

計量スプーン
15mlの大さじと5ml
の小さじを用意

ラップ、ホイル
ラップは破れにくい
ものを選ぼう

キッチンペーパー
油を取ったり水気を
切ったりと便利

**レンジ用
耐熱コンテナ**
ひとり分には 容量
700mlがおすすめ

保存用ポリ袋
厚手のもの。ファス
ナー付きやアイラッ
プなど

ピーラー
野菜や果物の皮をむ
くのに便利

はかり
料理以外にも使える
ので買っておこう

おろし器
大根、長芋、にんに
く、しょうがなどに

揃えておきたい調味料

塩

MUST

海塩や岩塩などの自然塩が旨みがある

醤油

MUST

真空パックになっているものがおすすめ

砂糖

MUST

上白糖以外にきび砂糖や三温糖でもOK

こしょう

MUST

黒と白がある。黒の方がパンチがある

味噌

MUST

米、麦、豆などがあるがお好みのものを

マヨネーズ

MUST

マヨラーの人は大きめサイズを買っても

ケチャップ

甘さに差があるので、好みの味を見つけて

お好みソース

甘めのトロリとしたソース。なくてもOK

めんつゆ

MUST

かつお風味の2倍濃縮を本書では使用

めんつゆは初心者に嬉しい万能調味料！是非、買っておこう

粉チーズ

生チーズの代わりに手軽に使えて便利

カレー粉

カレーだけでなく煮物やスープの味変にも

酒

食塩の入っていないものがおすすめ

ひとり暮らしの自炊で揃えたい調味料を挙げました。まずはMUSTマークのものから。

最初は使う頻度が分からないと思うので、なるべく小さめサイズを買いましょう。

慣れてきたら、よく使うものは大きめサイズを選ぶようにして。メーカーはお好きなものを。

※写真は著者の私物です。

酢

まろやかな酸味の米酢が使いやすい

みりん

本みりんが◎。なくても砂糖で代用可

油

MUST

サラダ油やキャノーラ油など癖のないもの

オリーブ油

洋風の料理の風味をつけたい時に

ごま油

中華や韓国風などの料理を作る時に

バター

MUST

料理に使うとぐっとコクと風味が出る

オイスターソース

かきのエキス。中華だしとしても使える

片栗粉・小麦粉

MUST

揚げ物の衣やとろみ付けに使う

パン粉

カビが生えやすいので冷蔵しておくと◎

しょうがチューブ

MUST

しょうがの風味をプラスするのに便利

生をすりおろして使ってもOK

にんにくチューブ

MUST

にんにく風味のパンチある料理が手軽に

からしチューブ

醤油やマヨと合わせたりして味変に便利

いろんな料理に使えて、おいしい、しかも安い！

「万能食材」を覚えよう！

スーパーにはさまざまな食材が売っていますが、節約しながら無駄なく
おいしい料理を作るには、いろんな料理に使える「万能食材」を覚えて
おくと便利です。本書のレシピはこれらの食材でほぼ作れます。

1

四大万能肉は、
豚こま、鶏むね、鶏もも、ひき肉

メイン料理がお肉だとボリュームが出て満足度が高くなります。中でもコス
パがよく、使い勝手もいいのがこの4種類。大量パックを買って、使わない
分は小分けして冷凍しておくと便利です。

価格：100g≒100円
保存：冷蔵2日間　冷凍14日間

小さく切っても、巻いても、丸めても！

豚こま肉

豚こま肉とは、豚肉のさまざまな部位の切り落と
し肉を詰めたもので、安価で買えます。「こま切
れ肉」「切り落とし肉」などと表示されています。
何かに巻いて使う場合は大きめに薄くカットされ
たもの、丸めて使う場合は細かくカットされ適度
に脂身があるものを選ぶのがコツ。バラや、肩ロ
ースの切り落としなど部位別の薄切り肉のほうが
安い時はもちろんそちらでもOK。

味はさっぱり、健康にもGOOD！

鶏むね肉

肉の中で最も安価でヘルシーなのが鶏むね肉。脂身が少ないので、パサパサしがちですが、調理法によってはしっとり柔らかく仕上げられます。皮がついた状態で売っていますが、好みでつけたままでも、外して使ってもOK（外した皮は冷凍しておいて、スープのだし素材としたり、ゆでて刻んでポン酢で食べても）。

価格：100g ≒ 50円

保存：冷蔵3日間　冷凍14日間

ジューシーでおいしい定番の鶏肉

鶏もも肉

脂がほどよくつきジューシー。からあげやチキンステーキなど油でカリッと揚げたり、炒めたりするのに適しています。黄色い脂肪はキッチンバサミなどで取り除くと臭みがなくなります。1枚で売っているものが多いですが、からあげ用などとして一口サイズにカットされたものも。作る料理に合わせてどちらでも構いません。

価格：100g ≒ 100円

保存：冷蔵3日間　冷凍14日間

豚・鶏・合いびき、それぞれに味わいが

ひき肉

ひき肉には、豚、鶏、牛、合いびき（牛と豚の混合）があります。和風・洋風・中華風とどんな料理にでも使いやすいのは豚か鶏。牛や合いびきは、洋風の料理に合いやすく、和風味にはなじみにくい場合も。いずれも、あまり脂が多くないものを選びましょう。また、他の肉に比べて傷みやすいので注意しましょう（写真は豚ひき肉）。

価格：100g ≒ 80円（豚・鶏）
　　　100g ≒ 130円（合いびき）

保存：冷蔵2日間　冷凍1週間

**本書のレシピでは、
豚ひき肉と鶏ひき肉は代用可！**

2 一年中、安価で手に入る 使いやすい野菜はこれ！

野菜には一年通して価格が安定している使いやすい野菜と、旬の時期が比較的はっきりしている野菜があります。自炊初心者に嬉しい野菜は、旬の時期以外も一年中安価で出回り、日持ちするものや、加熱せずにすぐに食べられるもの。本書では、初心者向きにリアルな感覚で選んだ、下記の野菜を中心にレシピを構成しています。

使いやすさ ベスト4

ある程度日持ちがすることや、季節を問わず安価であること、コンビニなどでも手に入れやすい、そして料理のバリエーションが豊富に作れるなどの理由で、「自炊初心者が使いやすい野菜」のベスト4が以下の4つ。いつも買い置きしておくと安心です！

キャベツ
保存：冷蔵1カ月（丸ごと）、
　　　1週間（カット）

じゃがいも
保存：冷蔵2〜3カ月

にんじん
保存：冷蔵2〜3週間

たまねぎ
保存：冷蔵1カ月

すぐ食べられる ベスト3

加熱しなくても、簡単にちぎったり切ったりするだけで、生のまますぐに食べられる下記の3つは、野菜不足になりがちな自炊初心者にとってありがたい存在。お肉の付け合わせなどの彩りとしても便利。ただし日持ちはあまりしないのでなるべく早く食べましょう。

きゅうり
保存：冷蔵5日間

トマト
保存：冷蔵1週間

レタス
保存：冷蔵5日間

いつでも安いコスパ ベスト4

安くて栄養もある野菜といえば、まず、圧倒的な安さを誇るもやし。そしてしめじやえのきなどのきのこ類。緑黄色野菜で価格が安定している小松菜や、生でも食べられて、使った後の根っこを水に浸せばさらに1〜2回収穫できる豆苗。お財布がピンチの時に嬉しい！

もやし
保存：冷蔵2日間

きのこ
保存：冷蔵1週間
冷凍1カ月

小松菜
保存：冷蔵5日間
冷凍1カ月

豆苗
保存：冷蔵2日間

季節感のある野菜　旬の季節には、安く多く出回るので、その時に買うとお得！

春　春の野菜は柔らかいものや苦みのあるものが多い
新玉ねぎ、新キャベツ、菜の花、ブロッコリー、たけのこ など

夏
ししとう、オクラ、ピーマン、ゴーヤ、なす など
夏の野菜は色の濃い鮮やかなものが多い

秋　秋の野菜は、ほっくりした根菜が多い
かぼちゃ、れんこん、さつまいも、きのこ など

冬
白菜、かぶ、大根、さといも、長ねぎ など
冬の野菜は、白い根菜などが多い

 column

便利な冷凍野菜も！

ブロッコリー、アスパラガス、青ねぎ、いんげんなどは、冷凍野菜も比較的安く、価格が安定しているのでおすすめです。冷凍だと日持ちを気にしなくてよいのでひとり暮らしの自炊には嬉しいポイントです。

3

手軽に食べられる
肉以外のたんぱく質食材

肉がなくても、すぐに食べられる安価なたんぱく質の食材を用意しておくと栄養面で安心です。そのまま食べられたりさっと焼くだけで食べられるのが便利。

冷凍する時はラップに一切れずつ包んで

お買い得なのは鮭・タラなど

切り身魚

魚焼きグリルやオーブントースターで焼くだけで食べられる切り身は簡単便利。鮭やタラなどは比較的価格も安くておすすめです。塩味がついているのか、生のままなのかによって日持ちも味付けも変わってくるので、買う時に確認を。

保存：冷蔵2〜3日間（塩漬は少し長い）
冷凍1カ月

缶詰や練り物が便利！

魚加工品

ツナ缶、鯖缶は安価で保存もきくので、まとめ買いをしておくとよいでしょう。ちくわとカニカマは、冷蔵庫に入れておくと、小腹がすいたときのおやつ代わりにもなりますし、料理に使えば、イカやカニのような存在に!!

豆腐、納豆、厚揚げなど

大豆加工品

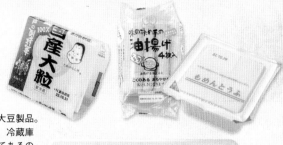

植物性たんぱく質として身体にもよい大豆製品。豆腐や納豆はそのまま食べられるので、冷蔵庫にいつもあると安心。厚揚げは、揚げてあるので豆腐よりもお腹の満足感が高いのが嬉しい。納豆や油揚げは冷凍保存もできます。

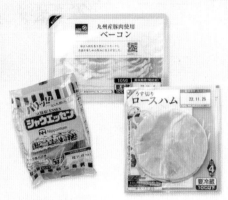

ハム、ベーコン、ウインナーなど

肉加工品

一番使い勝手がいいのは、そのままでも食べられるハム。卵や野菜と合わせて調理すれば主菜にもなります。ベーコンやウインナーは少量を使ってもいい出汁が出るので、汁物などに入れると料理がぐんとおいしく！

冷蔵庫のスタメン素材

卵・乳製品

卵かけごはんにしても、ゆで卵にしても！　完全栄養食といわれる卵は冷蔵庫にいれておくと安心です。チーズもそのままならおやつに、加熱すればとろーり溶けて何でもおいしくしてくれます。

column

料理のバリエーションが増えるこんな食材も

麺類

パスタと冷凍うどんが保存がきいてどんな味とも相性がよくて便利。

乾物

削り節、塩昆布、のり、乾燥わかめなどは保存もきいて旨みも出るのでおすすめ。

ごはんの友

キムチ、梅干し、たらこなどは、料理の味付けにも使えるので便利。

食材&調味料の保存場所

Stock

キッチンには…

吊戸棚用の入れものに パスタ・のり 乾燥ワカメなど 乾物を

ラップやキッチンペーパーなど 軽いもの

カラーボックスなどの 棚の1番上に 電子レンジ

基本調味料のみおく 塩・砂糖・こしょう

トースター

調理グッズ

食器

1番下に 炊飯器

フライ返しや お玉など

ツナ ツナ ツナ 油 酒 みりん す

洗 なべやフライパン

コンロ下は 缶詰や調味料

シンク下は 包丁・ざる・ボウル 洗剤・なべやフライパン!

炊飯器は炊く時に 蒸気があがるので 棚から出して使う

常温でOKなものはキッチンに

20

ひとり暮らしのキッチンは狭く、冷蔵庫も小さいことが多いもの。
どこに何を保存するかを知っておくと、スペースを有効に使いながら、
おいしく料理することができます。

週1500円以内に夜ごはんの食費を収める買い物のコツ

1 お休みの日に週に1回、まとめ買い

　働いていると平日はなかなか時間が取れないもの。ちょこちょこコンビニで買っていると高くつくので、お休みの日に、1週間分の食材をまとめて安いスーパーで買い物するようにしましょう。

　その際には、1週間のメニューを大まかに決めて、肉2種類、野菜は保存がきくものを含めて3〜4種類くらいを目安に買うとよいですね。また、毎日冷蔵庫に入れておきたい卵や乳製品、切らしている調味料や加工食品なども忘れずに。

　スマホなどに買い物メモを入れておくと買い忘れなどがなくなり便利です。

2 ある程度、計画的に買う

　自炊初心者によくありがちな失敗が、食材を買いすぎて、使いきれずに腐らせてしまうこと。

　何も考えずにスーパーに行くと、ついつい特売をしているものやおいしそうなものに目が奪われて無計画に買ってしまいますが、それはNG。

　買い物に行く前には、必ず冷蔵庫の中や、常備している食材のストックを見る癖をつけて。まだ残っている生鮮食材があれば、それを使いきるためにはどんなメニューにすればよいか、そのためには何が必要か、などを考えてから買い物に行きましょう。

自炊しても、高い買い物をしたり、食べきれずに材料を腐らせたりすると、

逆に高くつくことにもなりかねません。

最初は必要量が分かりにくいかもしれませんが、次のことに気を付けて。

3 1度にたくさん買いすぎない

1週間で食べきれる量を買い物するのが、自炊の基本ですが、スーパーで大量パックのほうがお得に売られていると、そちらを買いたくなりますよね。そんな時はこう考えてください。

まず、日持ちするかどうか。缶詰などの保存食、野菜などでもじゃがいもや玉ねぎなど保存がきくもので、ストック場所があるなら、大量パックを買ってもいいでしょう。

日持ちしないとしたら、冷凍保存できるかどうか。冷凍保存ができる肉や魚などで、冷凍庫に余裕があるなら、少し大きめの大量パックを買ってもいいと思います。

どこにストックできるのかな？

4 安いスーパー、安いタイミングを狙う

食費を抑えたいなら、どこでいつ買うかが大事。近所のスーパーをLINEのお友達登録してみたり、「トクバイ」などのチラシサイトに登録してみましょう。しばらく見ていると、だいたいどのスーパーがどのタイミングで何を特売しているかが分かってきます。多めにまとめ買いをするものなどは、そのタイミングを狙うのが◎。

また、LINEに友達登録していると、その週の特売情報が送られてきますので、それも参考にして。

よく行くスーパーに、会費が無料のポイントカードやポイント還元機能がついたクレジットカードがあれば、ポイントをコツコツ貯めましょう。

ひとり暮らしで無理なく無駄なく 自炊を回すための5つのコツ

1

最低限、ごはんさえあれば生きていける!

1回2〜3合炊いて、1食分ずつ冷凍しておく

クタクタで家に帰ってきても、ごはんさえあれば、卵かけごはんでも、納豆ごはんでもとりあえず食べることができます。

時間のある時に2〜3合炊いて、1食分ずつ冷凍し、電子レンジで解凍加熱すればすぐに温かいごはんが食べられるようにしておくと安心です。

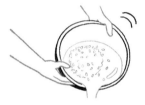

1. 米2合（炊飯用カップ180mlを2杯）を研ぎ、水を捨てる。何回か繰り返し水が白い色から半透明になったら米をざるにあけて水を切る。

2. 米を炊飯器に入れて、炊飯器の内釜の2合の水量のメモリまで水を入れ15分程度置く。炊飯のコースを選択し、スイッチを入れて炊く。

3. 炊きあがったら、空気を含ませるように底からしゃもじで全体をふわっと混ぜる。

4. 熱いうちに、茶碗1膳分くらいずつ（小盛りで1膳100g強。2合なら6膳分くらいとれる）ラップに平たく包み、冷ましてから冷凍する。

解凍する時は、ラップをしたまま600Wの電子レンジで1分30秒加熱。その後、お茶碗にうつしてラップせずに、30〜40秒加熱すると、炊き立てのようなごはんに。

自炊すると決めても、予定外の外食が入ったり、疲れ果ててやる気がなくなったり。

そんな時には「無理なく」「無駄なく」が鉄則です。

ゆるく続けるための5つの秘訣を紹介。

2 買い物から帰ってきたら食材を整理する

　休みの日に買物に行ったら、すぐに保存場所に食材を保存します。1〜2日のうちに食べる予定のない肉や魚などは小分けにして（魚の切り身は1切れずつ、肉は本書の1食分、鶏肉なら1/2枚、豚こま肉なら100gずつなど）ラップに包み、冷凍しておきます。解凍する時は、使う日の朝に冷蔵庫に移して夜まで自然解凍します。

　また、きのこや小松菜など一部の野菜も冷凍しておくと便利です。さらにキャベツやにんじんなどは塩もみやマリネにしておくと、すぐに使えて副菜作りがラクになります（p.104〜109参照）。

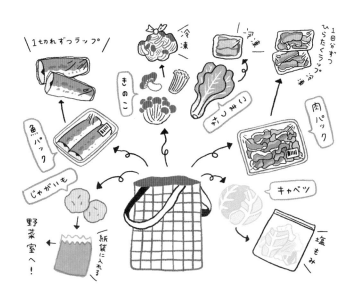

3

ひとり暮らしの味方、
電子レンジを使いこなす

　電子レンジは、ひとり分の調理をするのに向いています。火を使わなくて安全な上に、時短にもなり、洗い物も少ないとメリットばかり。冷凍品の解凍や冷えたおかずの温め以外にも、少量の野菜を蒸したり、あるいは煮物を作ったりとさまざまに使えます（p.29も参照）。　©Yuji Namba

電子レンジに使用できる容器は、耐熱ガラス、プラスチックなど。金属や琺瑯は使用できません。容器の重量も加熱時間に関係するので、軽い耐熱コンテナを利用すると便利です。

電子レンジを利用する時は、耐熱コンテナなら蓋を斜めにかけ、ラップの場合はふんわりとかけて空気を逃がすようにして。

**火が通っていない場合は、
20秒ずつ追加で加熱**

電子レンジから出した直後は、調味料と素材が混ざりきってない場合がありますので、熱いうちによく混ざるようにかき混ぜて。

4 生ゴミの処理はその都度やる

　自炊を始めると、生ゴミが出るようになります。そのまま放っておいたり、ゴミ箱に捨てたりすると嫌な臭いを放つようになり、自炊する意欲を失くすことも。これを防ぐためには、要らないビニール袋などをシンクに置いておき、料理をするたびに水分を切ってこまめに密封すること。（食材が入っていた袋やスーパーで無料でもらえる薄いビニール袋などを利用するとよい）。密封した袋は、蓋付きのゴミ箱に捨ててゴミの日に忘れないように捨てましょう。

5 料理の見た目をよくする「青み」はヘタの水栽培で！

　料理を盛りつけた最後に、青ねぎなどの「青み」を少しのせると、「見た目」が数倍アップします。特にインスタなどで料理写真を投稿したいならこの「青み」は必須かもしれません。

　とはいえ、ほんの少量しか使わないから、ひとり暮らしで買うと使い切れず無駄になることも多いもの。そんな時は、野菜のヘタを水栽培しておくのがおすすめです。ヘタの部分だけを水につかるようにしておくと再生するものが多いので、ぜひやってみて。ねぎ、豆苗、にんじん、だいこんなどは、簡単に葉っぱが出てくるので少量の青みに役立ちます。

豆苗とねぎの水栽培

最低限知っておきたい
料理の基本

Basic

1 分量について

小さじ1 = 5㎖

大さじ1 = 15㎖

大さじ1＝小さじ3 と覚えておけば、
小さじだけでも量れます！

ちなみに、小さじ1は
ペットボトルの蓋でも代用可

カップ1 = 200㎖

液体を量る時には、
真横から見るように

少々

ひとつまみ

少々＝親指と人差し指で
つまんだ量

ひとつまみ＝親指と人差
し指と中指でつまんだ量

料理のレシピを理解するために、最低限知っておきたい基本を解説します！

最初はなるべく、分量や重量をきっちり量って料理すると、

だんだん、目分量でも見当がつくようになってきます。

2

加熱についての目安

注意！ 強火・弱火は
鍋の大きさで変わる！

IHは機種により
異なるので取説を確認！

強火、中火、弱火とは?

強火 炎が鍋底に広がっている状態。IH
の場合、10段階調節で7〜9が目安。

鍋底から横に火が出ているのは
強すぎなのでNG

中火 炎の先が鍋底に触れるか触れないか
の状態。IHの場合、10段階調節で
4〜6が目安。

弱火 炎の先が鍋底に触れていない状態。
IHの場合、10段階調節で2〜3が
目安。

もっと弱く、消えるか消えないか
くらいの状態は「とろ火」という

電子レンジのW数について

本書では、600Wの電子
レンジを使用しています。
500Wなら、加熱時間を
1.2倍、700Wなら0.85倍
にします。ただし機種に
より差があるので、最初
は目安の時間でやってみ
て仕上がり具合を見て調
整してください。

加熱時間の目安	600W(この本の基準)	500Wの場合	700Wの場合
	2分	2分25秒	1分40秒
	2分半	3分	2分10秒
	3分	3分35秒	2分30秒
	3分半	4分10秒	3分
	4分	4分50秒	3分20秒
	5分	6分	4分15秒

基本的な切り方・下処理

そぎ切り（鶏むね肉）

薄切り（玉ねぎ）

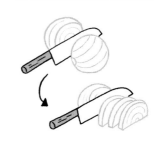

みじん切り（玉ねぎ）

縦半分にしてから根元を残して切り込みを入れる

いちょう切り（大根）

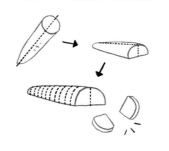

千切り（にんじん）

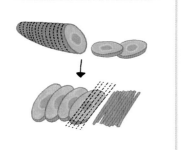

乱切り（きゅうり）

まわしながら

細切り（じゃがいも）

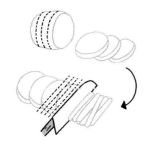

角切り（じゃがいも）

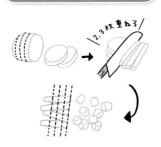

くし形切り（トマト）

細切り（キャベツ）

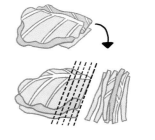

ちぎる（キャベツ）

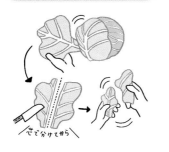

石づきを取る（きのこ類）

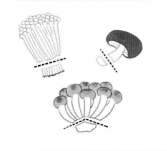

この本の見方、
使い方

Manual

写真に付け合わせが一
緒に写っていることが
ありますが、基本的に
はレシピには付け合わ
せは入れていません。
また費用の計算にも含
まれていません。

豚こま肉で

時間 **10**分
費用 **130**円

難易度
★ ★ ★
調理方法

簡単に味が決まる！

ごはんが進む♪
しょうが焼き

メイン食材の切り方が
ビジュアルで分かりま
す。横32センチ × 縦
20.5センチのまな板に
のせていますので、食
材の大きさや量もイメ
ージしやすくなってい
ます。

材料と切り方（1人分）

豚こま肉 … 120g
玉ねぎ … 1/4個（50g）（薄切り）
A めんつゆ（2倍濃縮）… 大さじ2
しょうがチューブ … 2センチ

作り方

1. フライパンに**A**と玉ねぎを入れて中火にかけ
る。ここに豚こま肉を広げながら、なるべく
重ならないように入れる。菜箸で混ぜながら
煮汁が少なくなるまで煮詰め、火を止める。

キャベツの千切り、
マヨネーズを添えるとgood！

92

32

料理をする前にまずこのページを読みましょう

料理を作るのにかかる「時間」「費用」「難易度」「調理方法」が記されています。それぞれの基準は下記の通りです。

時間：中級者がこのレシピを作るのに要する時間の目安です。ごはんを炊く時間などは含まれていません。

費用：このレシピを作るのにかかる費用の目安です。著者が住んでいる地域のスーパー3軒の特売価格（2022年10月）を目安に材料の値段を設定し、計算しています。地域や時期により価格差がありますので、ご注意ください。p.78〜90の献立の総額はごはんや飲み物も含んだ額です。なお、いずれも調味料の値段は含んでいません。

　材料は、Lesson1〜2は1人分、Lesson3のみ2人分になっています。
　材料の分量については、野菜などは1/2個などの個数で表記しているものもありますが、1個の重量に幅があるので、目安として（　）内にg数も表記しています。正確さを期すならg数のほうを参考にしてください。

難易度：本書に載っているレシピの中での相対的な難易度です。★はとても簡単、★★★は少し手間のかかるものです。

調理方法：メインの調理器具を表します。

= フライパン

= 鍋

= 電子レンジ

= オーブントースター

= 炊飯器

　また、切っておくものは材料の後ろに切り方が書いてあります。切り方の詳細はp.30〜31を参考に。
　Aとなっている材料は、あらかじめ混ぜておく必要はありませんが、初心者は混ぜておくと慌てずにすむでしょう。

↓重要！

実際に作り始める前に、作り方を最後まで読んで、手順のイメージをあらかじめ頭に入れておきましょう。途中で慌てることなく作ることができます。また、鍋や火力、調味料の種類により、出来上がりに差があります。火の通り具合を見て加熱時間を調整し、必ず味見をしながら作ってください。

そのほかの表記について

● 大さじ1は15㎖、小さじ1は5㎖です。カップ1は200㎖です。

● 電子レンジの加熱時間は、出力600Wを基準にしています。
　500Wや700Wのレンジを使用する場合はp.29を参考にしてください。

● めんつゆは2倍濃縮を使用しています。3倍濃縮は2/3に分量を減らして使います。

Lesson

1

最強の組み合わせ！

2つの食材だけで
料理を作る！

同じ組み合わせの2つの食材だけで、全く別の4種類もの料理が作れます！　安くてもおいしくできる最強の組み合わせを選んだので失敗なし！　簡単にすませたい日、少し手をかけたい日、気分に合わせて選んでみて！

2つの食材で何種類も料理はできる

なーさんと
スーパーへ！

自炊といえば
やっぱり憧れるのは
ハンバーグ
カルボナーラ
グラタン！

スパイスや
調味料も
いろいろ
そろえて

あっ、きゅうり
10本100円！

あれもこれも
買わな！

ちょっと待って！

うちは5人家族やったから
たくさん買い物しても
すぐ食べきれたけど

ひとり暮らしやと
冷蔵庫も小さいし
計画的に買わへんと
食べきれへんで

思いつきで
買ってたら
大変なことに
なる！

確かに…
その未来が
見えるわ……

お肉

化石化

野菜
しなしな

調味料
ソース
期限切れ

わー！！

だからまずは
2つの食材だけで
作れるレシピを
覚えよか

同じ2つの
食材だけでも
何種類もの
お料理は作れるねん

鶏むね × 玉ねぎ

時間	**10**分	難易度	★ ★ ★
費用	**85**円	調理方法	🥄

トマトもトマト缶もいらない

鶏のトマトクリーム煮

材料と切り方 （1人分）

鶏むね肉 … 1/2枚（150g）
（そぎ切り）
玉ねぎ … 1/4個（50g）（薄切り）
塩、こしょう … 少々
片栗粉 … 小さじ1
バター（油でもOK）… 10g
ドライパセリなど … あれば

A | ケチャップ … 大さじ2
　　| 牛乳 … 大さじ2
　　| 砂糖 … 小さじ1

作り方

1. 鶏むね肉に、塩、こしょうをふって、片栗粉をまぶす。

2. フライパンにバターをひいて中火に熱し、**1**の鶏むね肉を並べて入れる。両面こんがりと焼けたら、玉ねぎも加えてしんなりするまで炒め、**A**を加えて全体になじませる。器に盛りつけて、あればドライパセリをふる。

Aを加えたら、左の写真ぐらいになるまで目を離さないで

ラップの上でやると、粉が飛び散らなくてラク

全体にふりかけて〜

鶏むね
×
玉ねぎ
レンジ

時間 **10**分

難易度
★ ★ ★

費用 **85** 円

調理方法

レンジでさっぱり！

鶏のごまナムル風

材料と切り方（1人分）

鶏むね肉 … 1/2枚（150g）（そぎ切り）
玉ねぎ … 1/4個（50g）（薄切り）
塩、こしょう … 少々
薄力粉 … 小さじ1

A 醤油 … 小さじ1
ごま油 … 小さじ1
にんにくチューブ … 1センチ
すりごま … 小さじ2

作り方

1. 鶏むね肉に、塩、こしょうをふって薄力粉をまぶす。玉ねぎを耐熱コンテナに広げて並べ、その上に鶏むね肉を広げてのせる。蓋を斜めにのせて600Wの電子レンジで2分半加熱する。

2. 熱いうちに**A**を加えてよく混ぜる。

冷やして
食べてもおいしい！

鶏むね × 玉ねぎ お鍋

時間 **10**分 — 難易度 ★★★

費用 **95**円 — 調理方法

やさしいとろみでホッとする
鶏のしっとり治部煮風

材料と切り方 （1人分）

鶏むね肉 … 1/2枚（150g）（そぎ切り）
玉ねぎ … 1/2個（100g）（くし形切り）
塩、こしょう … 少々
薄力粉 … 小さじ1
青ねぎ … あれば（小口切り）

A めんつゆ（2倍濃縮）… 大さじ1
しょうがチューブ … 2センチ
水 … 150㎖

作り方

1. 鶏むね肉に、塩、こしょうをふって、薄力粉をまぶす。

   小麦粉は大雑把に肉にまぶすのでOK

2. 鍋に**A**と玉ねぎを入れて中火にかけ、煮立ってきたら**1**の鶏むね肉を1枚ずつ入れて、再び煮立ったら2分ほど煮て火を止める。器に盛りつけて、あれば青ねぎをのせる。

時間 **20**分

難易度
★★★

費用 **80**円

調理方法

材料少なめでもできる！

簡単チキン南蛮

鶏むね
×
玉ねぎ
フライパン

材料と切り方 （1人分）

鶏むね肉 … 1/2枚（150g）（そぎ切り）
玉ねぎ … 1/8個（25g）（みじん切り）
塩、こしょう … 少々
片栗粉 … 小さじ1
油 … 大さじ1
マヨネーズ … 大さじ1

A めんつゆ（2倍濃縮）… 大さじ1
砂糖 … 小さじ1
酢 … 大さじ1

作り方

1. みじん切りにした玉ねぎは10分ほど水にさらして辛みをぬき、ざるにあけたあと、キッチンペーパーや布巾で包んでしっかりと絞って水気をとる。これにマヨネーズを混ぜ合わせておく。

水にさらすとは、たっぷりの水に入れてしばらくおくこと

マヨネーズにレモン汁を入れても◎

2. 鶏むね肉に、塩、こしょう、片栗粉をまぶす。フライパンに油をいれて中火にかけ、鶏むね肉を並べて両面こんがりと焼く。

3. フライパンの中の余分な油をキッチンペーパーで拭きとり、**A**を入れて煮絡める。器に盛りつけ、**1**のマヨネーズソースをかける。

Aを入れたら少し火を弱めて

千切りキャベツなどと一緒に盛りつけるときれい

卵 × ハム

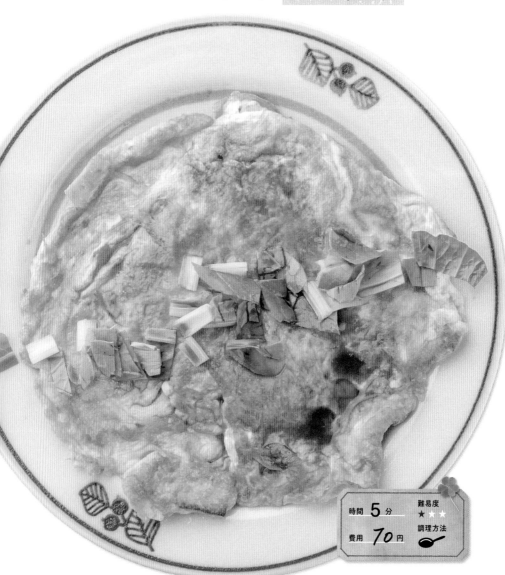

時間	5 分	難易度 ★★★
費用	70 円	調理方法 🥄

ごはんに合うオムレツ
ベトナム風オムレツ

卵
×
ハム
フライパン

材料と切り方（1人分）

卵 … 2個
ハム … 2枚（1センチ角）
塩 … ひとつまみ
油 … 大さじ1
醤油 … 少々

作り方

1. 卵をボウルに割り入れ、ハムと塩を入れてよく溶き混ぜる。

2. フライパンに油をひき、中火で温める。十分に温まって煙が上がってきたら**1**の卵液を流し込み、大きくかき混ぜて半熟状にする。

ジュ〜

多めの油で揚げるように
焼くのがコツ

3. フライ返しで裏返し、裏面は10秒ほど焼いたら皿に取り出す。醤油をかける。

パクチーなどの青みをのせても。
写真は刻んだ小松菜をのせました

| 時間 | **5** 分 | 難易度 ★ ★ ★ |
| 費用 | **85** 円 | 調理方法 🔲 |

ハムをカニカマに代えても！

レンジ天津飯

材料と切り方 （1人分）

卵… 2個
ハム … 2枚（1センチ角）
ごはん … 1膳分（150g）
マヨネーズ … 大さじ1

A | 水 … 100㎖
オイスターソース … 小さじ1
醤油 … 小さじ1
片栗粉 … 小さじ1

作り方

1. 卵を耐熱コンテナに割り入れ、マヨネーズを入れてよく溶き混ぜる。600Wの電子レンジで1分40秒加熱する。

> まだ固まっていなかったら、やや半熟になるまで10秒ずつ再加熱して

2. 器にごはんをよそい、**1**の卵を上にのせる。

3. 空いた耐熱コンテナにハムと**A**を入れて片栗粉をよく溶かし、600Wの電子レンジで1分加熱して熱いうちによく混ぜ、**2**の上にかける。

> とろみがついてなかったらさらによく混ぜ、10秒ずつ再加熱

時間 **5** 分　難易度 ★ ★ ★

費用 **60** 円　調理方法

食欲がない時でも食べられる

ハム玉ぞうすい

材料と切り方 （1人分）

卵 … 1個
ハム … 2枚（1センチ角）
ごはん … 1膳分弱（100g）
水 … 150㎖
めんつゆ（2倍濃縮）… 大さじ1
青ねぎ … あれば（小口切り）

作り方

1. 鍋に水とめんつゆを入れて中火にかける。煮立ったらハムとごはんを入れ、再び煮立ったら溶き卵を静かに流し入れ、菜箸で大きくゆっくりかき混ぜて火を止める。器によそい、あれば青ねぎを散らす。

絶対おいしい組み合わせ

バター醤油の 和風オムライス

卵
×
ハム

フライパン

▎**材料と切り方**（1人分）

卵 … 2個
塩 … 少々
水 … 大さじ1
ハム … 2枚（1センチ角）
ごはん … 1膳分（150g）
バター … 5g
醤油 … 小さじ1/2
油 … 大さじ1
ケチャップ … あればお好みで

▎**作り方**

1. ごはんはレンジで温めておく。卵はボウルに割り入れて塩と水を入れ、よく溶き混ぜる。

2. 別のボウルに**1**のごはんとハムを入れ、バター、醤油を加えてよく混ぜる。

3. フライパンに油をひいて中火にかける。**1**の卵液を一気に流し込み、火を止める。**2**のごはんを中央に細長くのせ、へらで卵シートを半分かぶせる。お皿を片手に持ち、フライパンを傾けスライドさせるようにして、半回転させながら皿にのせる。

② ①

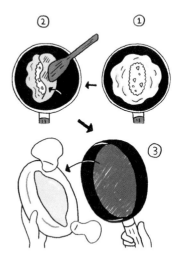

③

ごはんにちぎった海苔を
混ぜてもおいしい

3

豚こま × じゃがいも

時間 **10**分
費用 **150**円

難易度
★ ★ ★

調理方法

メインおかずになる！
豚じゃがきんぴら

豚こま
×
じゃがいも
フライパン

🔪 材料と切り方 （1人分）

豚こま肉 … 100g（1センチ幅）
じゃがいも … 1個（150g）（細切り）
ごま油 … 小さじ1
めんつゆ（2倍濃縮）…大さじ1

🔪 作り方

1. 細切りにしたじゃがいもは、さっと水に
   くぐらせる。

2. フライパンにごま油をひいてじゃがいも
   を広げ、中火にかける。透き通ってくる
   まで3分ほど炒めたら端によせて、豚こ
   ま肉も入れて色が変わるまで炒める。

   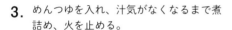
   じゃがいもと一緒に
   にんじんを入れて炒めても

じゃがいもを左へ
フライパンを
ずらして

3. めんつゆを入れ、汁気がなくなるまで煮
   詰め、火を止める。

   こしょうをかけても
   おいしい

時間 **10**分 ── 難易度 ★ ★ ★

費用 **150** 円 ── 調理方法

ごはんと混ぜて食べてもおいしい

じゃが豚のレンジカレー煮

材料と切り方 （1人分）

豚こま肉 … 100g
じゃがいも … 1個（150g）（2センチ角）

A
カレー粉 … 小さじ1
薄力粉 … 小さじ1
にんにくチューブ … 1センチ
しょうがチューブ … 1センチ
ケチャップ … 大さじ1
醤油 … 小さじ1
塩、こしょう … 少々
水 … 50㎖

ごはんと盛りつけ、
混ぜて食べてもおいしい

作り方

1. 耐熱コンテナに水にくぐらせたじゃが
いもを入れ、豚こま肉をなるべく重な
らないように広げてのせ、**A**を入れて
スプーンで軽くなじませる。

2. 蓋を斜めにのせて600Wの電子レンジ
で7分加熱し、取り出して熱いうちに
よく混ぜる。

玉ねぎ1/4個を入れても。その場
合はレンジ加熱を30秒プラス

写真は小松菜の若い芽を
添えて彩りUP

豚こま
×
じゃがいも
お鍋

時間 **15**分 ― 難易度 ★★☆
費用 **176** 円 ― 調理方法

ルーがなくてもできる！

とろとろクリームシチュー

📖 材料と切り方 （1人分）

豚こま肉 … 100g
じゃがいも … 1個（150g）（2センチ角）
バター … 10g
薄力粉 … 小さじ2
牛乳 … 150㎖
塩 … ひとつまみ
こしょう … 少々

📖 作り方

1. じゃがいもは水にくぐらせる。鍋にバターとじゃがいもを入れて火にかけ、2分ほど炒めたら豚こま肉を広げて入れて色が変わるまで炒め、塩、こしょうをふる。

2. 薄力粉を加えてよくなじませ、牛乳を注ぐ。弱めの火で6〜7分ほど煮たらじゃがいもに串をさしてみて、スッと通るようになっていればできあがり。

> 最後に味見をして
> 足りなければ塩を足して！

カリカリほくほく

ごはんがない時の
主食代わりにも

じゃがピザ

豚こま
×
じゃがいも
フライパン

材料と切り方（1人分）

豚こま肉 … 100g（1センチの細切りに）
じゃがいも … 2個（300g）（細切り）
片栗粉 … 大さじ2
油 … 小さじ2
塩、こしょう … 少々
ピザ用チーズまたはスライスチーズ … 適量
ケチャップ … 適量
ドライパセリ … あれば

作り方

1. じゃがいもはボウルに入れ（水にさらさない）、片栗粉をまぶす。

片栗粉がノリの役目に！

2. フライパンに油小さじ1をひいて豚こま肉を入れ、中火で色が変わるまで炒めて塩、こしょうをふって取り出す。空いたフライパンに油小さじ1をひいて中火にかけ、じゃがいもを平たく広げて蓋をして焼く。

3. 裏面がカリッとなってきたらフライ返しで裏返し、豚こま肉とチーズをのせ、再びそのまま4分ほど焼く。お好みでケチャップをかける。器に盛りつけ、あればドライパセリをふる。

一度大きな皿に取り出して
逆向きにフライパンに戻してもOK

チーズがとろーりと
とろけるまで焼いて

4

ひき肉
× 豆腐

| 時間 **10**分 | 難易度 ★★★ |
| 費用 **85**円 | 調理方法 |

ヘルシーだけど満足感あり！
豆腐ステーキの そぼろかけ

材料と切り方 （1人分）

木綿豆腐 … 小パック1個（150g）
（厚みを半分に切る）

3個セットで売ってることが多い！

豚ひき肉 … 50g
塩、こしょう … 少々
薄力粉 … 大さじ1
油 … 小さじ2
めんつゆ（2倍濃縮）… 大さじ1
しょうがチューブ … 2センチ
青ねぎ … あれば（小口切り）

作り方

1. 木綿豆腐はキッチンペーパーにくるみ、表面の水分をふき取ってから厚みを半分に切り、表面に塩、こしょう、薄力粉をまぶす。

   水分をふき取ると油がはねない

   薄力粉でカリッとした食感に

2. フライパンに油小さじ1をひいて中火にかけ、1の豆腐を両面カリッとなるまで3分ずつ焼いて皿に取り出す。

3. 空いたフライパンに油小さじ1をひき、豚ひき肉を入れて色が変わるまで炒め、めんつゆとしょうがを入れて汁気がなくなるまで煮詰め、2にかける。あれば青ねぎをのせる。

レンジ

時間	**10**分	難易度 ★ ★ ★
費用	*101* 円	調理方法

包丁もまな板も鍋も不要！

コクうまレンジ麻婆豆腐

▌ 材料と切り方（1人分）

木綿豆腐 … 小パック1個（150g）（手でちぎる）

豚ひき肉 … 70g

水 … 50mℓ

ラー油、一味唐辛子、
糸唐辛子など … あれば

A ┃ 味噌 … 小さじ1
┃ めんつゆ（2倍濃縮）… 大さじ1
┃ ごま油 … 小さじ1/2
┃ にんにくチューブ … 1センチ
┃ しょうがチューブ … 1センチ

▌ 作り方

1. 耐熱コンテナに豚ひき肉を入れ、**A**を入れてスプーンでよく混ぜ、豆腐をのせて水をそそぐ。

2. 蓋を斜めにのせて600Wの電子レンジで4分加熱し、スプーンでよく混ぜる。器に盛りつけ、あれば、ラー油や唐辛子などをふりかける。

> 豆板醤があれば入れても！

時間 **10**分　難易度 ★ ★ ★

費用 **175**円　調理方法

卵につけて食べると極上の味！

豆腐のすき焼き風甘辛煮

材料と切り方 （1人分）

木綿豆腐 … 小パック1個（150g）（手でちぎる）

合いびき肉 … 100g

卵黄、青ねぎ … あれば

A ┃ 水 … 100mℓ
　　┃ めんつゆ（2倍濃縮）… 大さじ1
　　┃ 砂糖 … 小さじ1
　　┃ 醤油 … 小さじ1

作り方

1. 鍋に合いびき肉と**A**を入れて混ぜ、火にかける。

> 玉ねぎがあれば
> くし形切りにして入れても

2. 煮立ってきたらあくをすくって、豆腐を入れ、弱火で2分ほど煮る。あれば青ねぎの小口切り、卵黄をのせる。

> 余った卵白は味噌汁に入れたり、
> ハンバーグのつなぎにしたりして。
> ラップに包んで冷凍しておくと便利

57

時間 **15**分

費用 **121**円

難易度
★ ★ ★

調理方法 🥄

お弁当にも最適！

あっさり 豆腐ハンバーグ

ひき肉
×
豆腐

フライパン

 材料と切り方（1人分）

木綿豆腐 … 小パック2/3個（100g）
合いびき肉 … 70g

油 … 少々
醤油、酢 … 各小さじ1ずつ

A │ 塩 … ひとつまみ
 │ こしょう … 少々
 │ 薄力粉 … 大さじ1

木綿豆腐のかわりに
厚揚げでも！

鶏ひき肉、
豚ひき肉でもOK

作り方

1. 豆腐はキッチンペーパーでくるんで周りの水分をとり、ボウルに入れる。ひき肉と**A**を入れて手でこね混ぜ、小判型に丸める。

2. フライパンに油をひいて中火にかけ、**1**の肉だねをのせる。蓋をして片面4分ずつ、合計8分焼く。

3. 器に盛りつけ、醤油と酢を混ぜ合わせたものを**2**にかけて食べる。

写真は小松菜の
若い芽を添えて彩りUP

余った豆腐は味噌汁に！

5

豚こま
× キャベツ

時間 **10**分 ── 難易度 ★ ★ ★

費用 **113**円 ── 調理方法

水っぽくならない作り方
··

きちんとおいしい 肉野菜炒め

🔪 材料と切り方 （1人分）

豚こま肉 … 100g

キャベツ … 2〜3枚（100g）
（3センチ角にちぎる）

ごま油 … 小さじ1

塩、こしょう … 少々

A | しょうがチューブ … 2センチ
   | 醤油 … 小さじ1
   | 片栗粉 … 小さじ1

🔪 作り方

1. 豚こま肉はラップの上で**A**をふりかけて、箸で軽く混ぜる。

2. フライパンにごま油をひいて**1**の豚こま肉を入れ、中火にかける。箸でほぐしながら炒め、色が8割くらい変わってきたらキャベツを入れ、1分ほど炒めて全体に塩、こしょうをふって火を止める。

キャベツは炒めすぎないほうがおいしい！

豚こまはなるべく広げて調理するとおいしい

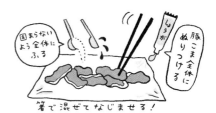

| 時間 | **10**分 | 難易度 ★ ★ ★ |
| 費用 | **113**円 | 調理方法 🔲 |

甘辛い味噌味がgood！
簡単すぎるレンジ回鍋肉
（ホイ コー ロー）

材料と切り方 （1人分）

豚こま肉 … 100g　　脂身が多いところを使うとおいしい

キャベツ … 2〜3枚（100g）
（3センチ角にちぎる）

A ┃ しょうがチューブ … 2センチ
　　┃ にんにくチューブ … 2センチ
　　┃ 味噌 … 大さじ1/2
　　┃ 醤油 … 小さじ1
　　┃ 片栗粉 … 小さじ1
　　┃ ごま油 … 小さじ1/2

作り方

1. 耐熱コンテナにキャベツを入れ、その上に豚こま肉をなるべく重ならないように広げる。

2. 肉の上に**A**を入れてスプーンで塗り広げ、蓋を斜めにのせる。600Wの電子レンジで4分加熱し、取り出してよくかき混ぜる。

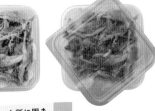

調味料が一カ所に固まらないよう塗り広げて

豚こま
×
キャベツ

お鍋

時間 **25**分

費用 **183**円

難易度
★ ★ ★

調理方法

ロールキャベツより手軽！

キャベツの和風ミルフィーユ煮

材料と切り方 （1人分）

豚こま肉 … 150g　**大きく薄めにカットされたものが使いやすい**

キャベツ … 1/4個（250g）
（5センチ角にちぎる）
水 … 300㎖
削り節 … ひとつまみ

A 塩、こしょう … 少々
　　酒 … 小さじ1
　　醤油 … 小さじ2　**かなり多めの量ができますお腹いっぱいに！**

作り方

1. 小鍋の底にキャベツ、豚こま肉（手で1枚ずつ広げて重ならないように並べる）、キャベツ、豚こま肉、キャベツの順に重ね、一番上をキャベツにする。**A**と水を注いで落とし蓋をし、蓋をして中火にかける。

アルミホイル

調味液

落とし蓋は、アルミホイルでOK

アルミホイルの端が調味液につかるように

2. 煮立ったら火を弱め、15分ほど煮て火を止め、食べやすく切り分ける。器に盛りつけ、削り節をふる。

ごはんにもお酒にも合う

肉巻きキャベツの
めんつゆマヨ照り

材料と切り方 （1人分）

豚こま肉 … 100g

> 大きく薄めにカットされた
> ものが使いやすい

キャベツ … 2〜3枚（100g）
（5ミリ幅、10センチ程度の細切り）
薄力粉 … 小さじ1
油 … 小さじ1
A ┃ めんつゆ（2倍濃縮）… 大さじ1
　　┃ マヨネーズ … 大さじ1

作り方

1. まな板の上に豚こま肉を広げ（小さい場合は何枚か重ねて幅5センチ×長さ10センチくらいの大きさにする）1/5量のキャベツをのせてくるくると巻く。これを5つ作り、薄力粉を軽くまぶす。

2. フライパンに油をひき、**1**の肉の巻き終わりを下にして並べ、中火にかける。しばらく置いてしっかりと焼き色がついてきたら少しずつ面を変えて全体に焼き色をつける。

3. 火を少し弱め、**A**を加えて全体に絡める。

> 野菜を添えると彩りUP
> （写真はトレビスを添えて）

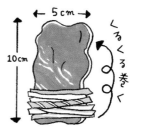

6 じゃがいも   × ツナ缶

時間 **15**分
費用 **150**円

難易度
★ ★ ★

調理方法
🥄

ごはんが止まらない！
....
甘辛ツナじゃが

じゃがいも
×
ツナ缶

フライパン

🔪 材料と切り方 （1人分）

じゃがいも … 1個(150g)（2センチ角）
ツナ缶 … 1缶（70g）

鯖缶でもOK！

めんつゆ（2倍濃縮）… 大さじ1
水 … 100mℓ
油 … 小さじ1
青ねぎ … あれば（小口切り）

🔪 作り方

1. じゃがいもは水にくぐらせる。フライパンに油をひいてじゃがいもを入れ、中火で炒める。

2. 全体に油が回ったら水とツナ（油ごと）とめんつゆを入れ、蓋をして5分、蓋を外して水分が少なくなり、じゃがいもに箸などを刺してスッと通るようになるまで4〜5分ほど加熱し、火を止める。器に盛りつけ、あれば青ねぎをのせる。

**蓋を外してからは様子を
見ながら火加減を調節**

| 時間 | **10**分 | 難易度 ★★★ |
| 費用 | **150**円 | 調理方法 |

シンプルがおいしい

レンジdeツナポテサラ

材料と切り方 （1人分）

じゃがいも … 1個（150g）（1.5センチ角）
ツナ缶 … 1缶（70g）
塩、こしょう … 少々
酢 … 小さじ1
マヨネーズ … 大さじ1

作り方

1. じゃがいもは水にくぐらせ、耐熱コンテナに入れる。蓋を斜めにのせて600Wの電子レンジで4分加熱する。

2. 蓋を取って塩、こしょうをふり、油分をきったツナ缶を加える。酢、マヨネーズを加えてよく混ぜる。

塩もみしたきゅうりの
薄切りを最後に入れても！

バゲットを添えると
主菜にもなる

じゃがいも × ツナ缶 お鍋

時間 **10**分　難易度 ★★★
費用 **150**円　調理方法

心にしみるなつかしい味
とろとろおじゃがのスープ

材料と切り方（1人分）

じゃがいも … 1個（150g）
（半分は1センチ角、半分はすりおろす）
ツナ缶 … 1缶（70g）
水 … 150㎖
塩 … ひとつまみ
こしょう … 少々

じゃがいもは先にすりおろし、
残りを1センチ角にすると無駄ナシ！

作り方

1. 鍋に1センチ角に切ったじゃがいもと水を入れて中火にかける（じゃがいもは水にさらさなくてOK）。煮立ったら火を弱めて5分ほど煮て、じゃがいもに串がスッと通るようになったら、油をきったツナとすりおろしたじゃがいもを加えて、木べらで底から混ぜながら2〜3分加熱する。

2. 半透明になり、とろみがついてきたら塩、こしょうで味を調える。

最後は必ず
味見をしながら！

時間 **15** 分　難易度
★ ★ ★

費用 **176** 円　調理方法

失敗しないホワイトソースで作る

じゃがいもと ツナのグラタン

じゃがいも
✕
ツナ缶

鍋・レンジ・
オーブン
トースター

材料と切り方 （1人分）

じゃがいも … 1個（150g）（薄切り）
ツナ缶 … 1缶（70g）
塩、こしょう … 少々
バター … 10g
薄力粉 … 大さじ1
牛乳 … 150mℓ
スライスチーズまたは粉チーズ
… 1枚または大さじ1

作り方

1. じゃがいもは水にくぐらせ、鍋に入れて牛乳をそそぎ、中火から弱火で7〜8分、柔らかくなるまで加熱する。

2. バターを小皿に入れ、600Wの電子レンジで20秒加熱する。熱いうちに薄力粉を混ぜる。

   熱いうちに入れるとダマにならずに混ざる

3. 1のじゃがいもが柔らかくなったら鍋に油分をきったツナを加え、2を加えてよく混ぜ、火を止め、塩、こしょうをふる。

ブールマニエというとろみの素になる

4. 耐熱皿に3を流し入れ、表面にスライスチーズをのせるか粉チーズをふりかけ、オーブントースターで焦げ目がつくまで3分ほど焼く。

   食べてる途中で醤油を少し垂らすと和風に"味変"しておいしい

もやしの簡単レシピ

節約食材といえば、何といっても1袋30円程度で買える
もやし。おいしくて栄養も意外とあるのです。

ハッシュドもやし

もやし
×
チーズ

● 材料（1〜2人分）

もやし … 1袋（200g）

ピザ用チーズ … 大さじ3（または
スライスチーズ2枚をちぎる）

薄力粉 … 大さじ3

水 … 大さじ2〜3

塩、こしょう … 少々

油 … 小さじ1

青ねぎ … あれば（小口切り）

● 作り方

1. もやしをボウルに入れ、ピザ用チーズと薄力粉、塩、こしょうを入れて菜箸でざっくりと混ぜる。全体に粉がまぶせたら水を入れて混ぜる。

2. フライパンに油をひき、中火にかける。1を入れ、丸く形を整える。片面5分焼いたらフライ返しで裏返し、裏面も3分ほど焼いて取り出す。あれば青ねぎの小口切りをのせる。

もやしのオムレツ

もやし
×
卵

● 材料（1人分）

もやし … 1/2袋（100g）

卵 … 2個

塩、こしょう … 少々

油 … 大さじ1

お好み焼きソース、マヨネーズ、
削り節 … 各適量

● 作り方

1. フライパンに油をひいて中火でもやしを炒め、軽く塩、こしょうをふって皿に取り出す。

2. 空いたフライパンに溶いた卵を流し入れ、1のもやしをのせてくるむ。お好み焼きソース、マヨネーズ、削り節をかける。

もやしの味噌ラーメン風

もやし
だけ！

● 材料（1人分）

もやし … 1/2袋（100g）
水 … 200㎖

A | オイスターソース … 小さじ1
| 味噌 … 小さじ1
| バター … 5g
| 塩、こしょう、にんにくチューブ
| … 各小さじ1ずつ

青ねぎ … あれば（小口切り）

● 作り方

1. 鍋に水ともやし、Aを入れて火にかける。あれば青ねぎをのせる。

もやしのレンジナムル

もやし
×
ツナ缶

● 材料（作りやすい分量）

もやし … 1袋（200g）
ツナ缶 … 1缶（70g）

A | 塩 … 少々
| ごま油 … 小さじ1
| すりごま … 小さじ1

● 作り方

1. レンジで加熱して水気をきったもやしに、油をきったツナ缶とAを混ぜる。

肉巻きもやし

もやし
×
豚こま

● 作り方（1人分）

もやし … 1/2袋（100g）
豚こま肉 … 80g
塩、こしょう … 少々
酢、醤油 … 各小さじ1ずつ
からし … お好みで

● 作り方

1. 豚肉を広げてもやしを芯にして巻く。これを4枚分作り、耐熱コンテナに巻き終わりを下にして並べ、塩、こしょうをふる。

2. 蓋を斜めにのせて600Wの電子レンジで3分加熱する。酢、醤油を混ぜたものをかけ、お好みでからしを添える。

Lesson
2

1週間1500円
楽ウマ自炊を
続けてみよう

主菜1品、副菜2品のバランスいい夜ごはんを、1週間1500
円以内（1食100〜200円台）で作るには？　おいしく無駄
なく、帰って15分以内にさっと作るコツをお伝えします！

定食屋さんみたいな夜ごはん！

そしたら今度は
献立を考えて
毎日続けるコツ
教えよか

少ない食材でも
いろいろ
作れるように
なってきた〜

ジュー！

まずは休みの日に
買い物したら

野菜だけ簡単に
下ごしらえしておく

最初から
無理せんで
いいねん

でも‥

仕事始めたら平日は
クタクタやと思う

つかれたっ

そんなんでも
続けられるんかな

簡単！
おいしい！
おトク！
最高やん！

あとは下ごしらえした
野菜をちょっと
味付けして副菜も完成！

定食屋さんみたい

平日の夜は
メインのお肉かお魚を
「焼くだけ」か
「レンチン」でまず1品

ジュー

チーン

10分で完成！

頑張りすぎない献立の作り方と
ラクラク続く自炊のコツ

基本の献立

メイン（主菜）1品 ＋ 副菜1〜2品 ＋ ごはん

メイン（主菜）1品
は
肉や魚などのたんぱく質類
↓
「焼くだけ」「レンチン」など
帰ってすぐにできるものに！
>> p.92〜101も参照

副菜
は
野菜や汁物など
↓
「切るだけ」や「半作り置き」
を利用して時短！
>> p.104〜111も参照

ごはん
↓
冷凍ごはんを電子レンジで
チンするだけ！
>> p.24の解凍のコツを参照

面倒な日は、
どんぶりもの1品だけ、
主菜をおつまみにお酒と……
でもOK！
ゆるく考えるのが続ける秘訣！

忙しい毎日でも手早く、無駄なく、バランスのいい
自炊を続けるためには、ちょっとしたコツがあります。
その基本を知って、できる範囲でゆるく始めてみましょう。

1週間の献立例

日 Sun
- 主 鮭のチーズケチャップ焼き
- 副 きゅうりの味噌マヨスティック
- 副 厚揚げとミニトマトの味噌汁

月 Mon
- 主 厚揚げ肉巻きのバター照り焼き
- 副 塩もみキャベツのマヨサラダ
- 副 きゅうりのごま油和え

火 Tue
- 主 鶏むね肉の味噌マヨトースター焼き
- 副 塩もみキャベツの酢の物
- 副 ミックスきのこの味噌汁

水 Wed
- 主 豚こま肉の丸め焼き甘酢照り焼き
- 副 ミニトマトのごま和え
- 副 塩もみキャベツの味噌汁

木 Thu
- 主 鶏むね肉のしっとり焼き
- 副 ミックスきのこのナムル
- 副 塩もみキャベツのおかか和え

金 Fri
- 主 他人丼
- 副 ミックスきのこの味噌和え
- 副 塩もみキャベツのスープ

土 Sat
- 主 豚こましょうが焼き餃子

休みの日に やっておくといいこと

1. **安いスーパーに行って 1週間分の買い物**

   例：鮭、豚こま肉、鶏むね肉、
   　　厚揚げ、きゅうり、トマト、
   　　キャベツ、きのこ、卵など

   多く買いすぎない
   よう注意

2. **野菜の「半作り置き」を仕込む**
   >> p.104～も参照

   例：塩もみキャベツ、
   　　冷凍ミックスきのこ

3. **しばらく食べない肉や魚は 1食分ずつラップして冷凍に**

4. **ごはんを2～3合炊いて、 1食ずつラップし、冷凍に**

   p.22～25も おさらいして！

次のページから
1週間の例が始まります！

魚を焼くだけ！味噌汁はレンジで！
やる気ゼロでもこれならできる！

Menu

鮭のチーズケチャップ焼き

きゅうりの
味噌マヨスティック

233円

厚揚げとミニトマトの味噌汁

鮭のチーズ
ケチャップ焼き

きゅうりの
味噌マヨスティック

C'est bon!

ごはん

厚揚げと
ミニトマトの味噌汁

鮭のチーズケチャップ焼き

● 材料（1人分）

タラなどの
白身魚で代用しても

鮭の切り身 … 1切れ
キャベツ … 2〜3枚（100g）（手でちぎる）
スライスチーズ … 1枚
バター … 5g
ケチャップ … 適量
塩、こしょう … 少々

● 作り方

1. 耐熱グラタン皿にちぎったキャベツをしき、その上に鮭をのせて塩、こしょうをふり、スライスチーズとバターをのせ、ケチャップをかける。

2. オーブントースターで10分ほど焼く。

時間 **15**分　難易度 ★ ★ ★
費用 **158**円　調理方法

グラタン皿がなければ、
アルミホイルの上に置いても！

....

きゅうりの味噌マヨスティック

● 材料（1人分）

きゅうり … 1/2本（スティック状に切る）
味噌、マヨネーズ … 各小さじ1ずつ

● 作り方

1. 味噌とマヨネーズを混ぜ、きゅうりにつけながらいただく。

時間 **3**分　難易度 ★ ★ ★
費用 **15**円　調理方法

....

厚揚げとミニトマトの味噌汁

● 材料（1人分）

厚揚げ … 小1個（55g）（食べやすく切る）
ミニトマト … 2個（半分に切る）
削り節 … ひとつまみ
味噌 … 小さじ1
水 … 100mℓ

インスタント並みに
簡単！

● 作り方

1. 耐熱容器に材料をすべて入れ、600Wのレンジで2分加熱する。

時間 **3**分　難易度 ★ ★ ★
費用 **45**円　調理方法

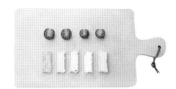

Mon
1week
menu!

厚揚げで肉をボリュームアップ！
野菜もたっぷりでヘルシー！

Menu

厚揚げ肉巻きの
バター照り焼き
塩もみキャベツのマヨサラダ
きゅうりのごま油和え

230円

きゅうりの
ごま油和え

厚揚げ肉巻きの
バター照り焼き

ゆかりごはん

塩もみキャベツの
マヨサラダ

厚揚げ肉巻きのバター照り焼き

● 材料（1人分）

厚揚げ … 小（55g）2個（半分に切る）
豚こま肉 … 100g（大きめカットのものを選ぶ）
塩、こしょう … 少々
冷凍ミックスきのこ
　（p.105参照、生のきのこでもOK）… 50g
油 … 少々
めんつゆ（2倍濃縮）… 大さじ1
バター … 5g

● 作り方

1. 豚こま肉をまな板の上に広げ、厚揚げに巻き付け、塩、こしょうをふる。

2. フライパンに油をひき、**1**の巻き終わりを下にして並べ、周りに冷凍ミックスきのこを入れて中火にかける。転がしながら焼き、全体の肉の色が変わったらめんつゆとバターを入れて絡め、火を止める。

塩もみキャベツのマヨサラダ

● 材料（1人分）

塩もみキャベツ（p.104参照）… 80g
からし … 少々
マヨネーズ … 小さじ2

● 作り方

1. 材料をすべて混ぜる。

きゅうりのごま油和え

● 材料（1人分）

きゅうり … 1/2本（乱切り）

A ｜ 塩 … 少々
　　ごま油 … 小さじ1
　　白ごま … あれば

● 作り方

1. きゅうりを**A**で和える。

> 水分が出やすいので
> 食べる直前に！

濃厚な味噌マヨ味と
さっぱりキャベツがいい相性!

Menu

| 鶏むね肉の 味噌マヨトースター焼き 塩もみキャベツの酢の物 ミックスきのこの味噌汁 | 140円 |

塩もみキャベツの
酢の物

鶏むね肉の
味噌マヨトースター焼き

梅ぼしごはん

ミックスきのこの
味噌汁

鶏むね肉の味噌マヨトースター焼き

● 材料（1人分）

鶏むね肉 … 1/2枚（150g）（そぎ切り）
塩、こしょう … 少々
味噌、マヨネーズ … 各大さじ1ずつ

● 作り方

1. 鶏むね肉に、塩、こしょうをふり、片面に味噌とマヨネーズを混ぜ合わせたものを塗る。

2. オーブントースターの専用トレーにアルミ箔をおき、1を重ならないように並べて10分ほど焼く。

塩もみキャベツの酢の物

● 材料（1人分）

塩もみキャベツ（p.104参照）… 80g
酢 … 小さじ1
砂糖 … ひとつまみ

● 作り方

1. 材料をすべて混ぜる。

ミックスきのこの味噌汁

● 材料（1人分）

冷凍ミックスきのこ
　（p.105参照、生のきのこでもOK）… 50g
水 … 120㎖
味噌 … 小さじ1
削り節 … ひとつまみ

● 作り方

1. 耐熱容器に材料をすべて入れ、600Wのレンジで2分加熱する。

豚こま肉とは思えない満足感
ミニトマトもおしゃれな副菜に!

Menu

豚こま肉の丸め焼き
甘酢照り焼き **223円**
ミニトマトのごま和え
塩もみキャベツの味噌汁

豚こま肉の丸め焼き
甘酢照り焼き

ミニトマトの
ごま和え

ごはん

塩もみキャベツの
味噌汁

豚こま肉の丸め焼き甘酢照り焼き

● 材料（1人分）

豚こま肉 … 150g
塩、こしょう … 少々
酒 … 小さじ1
片栗粉 … 小さじ1
油 … 小さじ1

A | めんつゆ（2倍濃縮）… 大さじ1
　 | 酢 … 大さじ1/2

● 作り方

1. ボウルに豚こま肉を入れ、塩、こしょう、酒、片栗粉をよくもみ、2等分にして楕円に丸める。

2. フライパンに油をひいて中火にかけ、1を並べて焼く。焼き色がついてきたら裏返して蓋をして5分弱火で蒸し焼きにし、蓋を開けてキッチンペーパーで余分な脂をふく。Aを入れて照りよく絡める。

野菜と一緒に盛りつけると◎。
写真は豆苗を添えて

ミニトマトのごま和え

● 材料（1人分）

ミニトマト　5個（半分に切る）

A | 砂糖 … 小さじ1
　 | 味噌 … 小さじ1
　 | 醤油 … 小さじ1/2
　 | すりごま … 小さじ1

● 作り方

1. ミニトマトとAをよく混ぜる。

塩もみキャベツの味噌汁

● 材料（1人分）

塩もみキャベツ（p.104参照）… 60g
水 … 150㎖
削り節 … ひとつまみ
味噌 … 小さじ1

● 作り方

1. 耐熱容器に材料をすべて入れ、600Wのレンジで2分加熱する。

あっさりした鶏むね肉のメインに
野菜の副菜2品で食欲のない日にも

Menu

鶏むね肉のしっとり焼き	140円
ミックスきのこのナムル	
塩もみキャベツの おかか和え	

ミックスきのこの
ナムル

塩もみキャベツの
おかか和え

黒ごま
ごはん

鶏むね肉の
しっとり焼き

鶏むね肉のしっとり焼き

● 材料（1人分）

鶏むね肉 … 1/2枚（150g）（そぎ切り）
塩、こしょう … 少々
砂糖 … 小さじ1
油 … 少々
青ねぎ … あれば（小口切り）

● 作り方

1. 鶏むね肉は、塩、こしょう、砂糖をふって手でなじませる。

2. フライパンに油をひいて中火にかけ、**1**の肉を並べて焼く。焼き色がついたら裏返し、蓋をして弱火で3分ほど蒸し焼きにする。あれば青ねぎの小口切りをのせる。

からしをつけて
食べても

ミックスきのこのナムル

● 材料（1人分）

冷凍ミックスきのこ
　（p.105参照、生のきのこでもOK）… 50g
塩 … 少々
ごま油 … 小さじ1

● 作り方

1. 冷凍ミックスきのこを器に入れ、塩、ごま油をかけてふんわりとラップをかけ、600Wのレンジで1分加熱する。

塩もみキャベツのおかか和え

● 材料（1人分）

塩もみキャベツ（p.104参照）… 80g
醤油 … 小さじ1
削り節 … 1/2袋

● 作り方

1. 材料をすべて混ぜる。

金曜日

お店みたいなふわふわ卵の丼と
副菜&スープで大満足

Menu

他人丼	195円
ミックスきのこの味噌和え	
塩もみキャベツのスープ	

ミックスきのこの
味噌和え

塩もみキャベツの
スープ

他人丼

他人丼

● 材料（1人分）

豚こま肉 … 100g
玉ねぎ … 1/4個（50g）（薄切り）
めんつゆ（2倍濃縮）… 大さじ1と1/2
水 … 大さじ2
卵 … 1個
ごはん … 1膳分（150ｇ）

> 油揚げやしめじを
> 加えてもおいしい

● 作り方

1. フライパンにめんつゆと水、玉ねぎを入れて中火にかける。煮立ってきたら肉を広げて入れる。卵はボウルに入れて軽く溶く。

2. 肉の色が変わって玉ねぎがしんなりしてきたら溶き卵を流し入れ、蓋をして火を止め10秒余熱でおく。ごはんの上にのせる。

> あれば何かの青みをのせると
> きれい。写真は豆苗

時間 10分　難易度 ★ ★ ★　調理方法

費用 145円

ミックスきのこの味噌和え

● 材料（1人分）

冷凍ミックスきのこ
（p.105参照、生のきのこでもOK）… 50g

A ┃ 砂糖 … 小さじ1/2
　　┃ 味噌 … 小さじ1
　　┃ すりごま … 小さじ1

● 作り方

1. きのこを器に入れ、**A**を入れて混ぜ合わせ、ふんわりとラップをかけ、600Wの電子レンジで1分加熱する。

時間 3分　難易度 ★ ★ ★　調理方法

費用 40円

塩もみキャベツのスープ

● 材料（1人分）

塩もみキャベツ（p.104参照）… 80g
オイスターソース … 小さじ1
水 … 150mℓ
ごま油 … 小さじ1

> オイスターソースが
> 出汁になる！

● 作り方

1. 耐熱容器に材料をすべて入れ、600Wのレンジで2分加熱する。

時間 3分　難易度 ★ ★ ★　調理方法

費用 10円

土曜日

「1週間おつかれさま」と自分をほめて
餃子とビールで乾杯〜！

Menu

豚こましょうが
焼き餃子　　　295円

ごほうび
ビール

豚こましょうが
焼き餃子

豚こましょうが焼き餃子

● 材料（作りやすい分量　25個分）

豚こま肉 … 200g（細かく刻む）
塩もみキャベツ（p.104参照）… 100g（細かく刻む）
ニラ … 1/2束（50g）（細かく刻む）
餃子の皮 … 1袋（25枚）
酢、醤油（2：1で混ぜる）… 適量

A | 醤油 … 大さじ1
　 | ごま油 … 小さじ1
　 | 塩、こしょう … 少々
　 | しょうがチューブ … 2センチ

豚バラ肉にすると
肉汁あふれる餃子に

時間 **20**分
費用 **145**円
（1人分10個として）
難易度 ★★☆
調理方法

● 作り方

1. 細かく刻んだキャベツは水気を絞り、ニラと豚肉と一緒にボウルに入れる。**A**を加えて手でよくこね混ぜ、皮に包む。

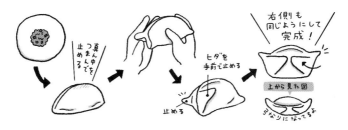
右側も同じようにして完成！
つまんで止める／真ん中を止める／ヒダを手前で止める／止める／上から見た図／弓なりになってるよ

2. フライパンに油をひいて中火にかけ、**1**の餃子を並べる。蓋をして1分ほど焼き、底面に焼き色がついたら水50mℓを入れて蓋をして5分ほど蒸し焼きにする。

3. 水分が無くなったら蓋を取り、最後に皮がカリッとなるまで焼く。酢と醤油を混ぜ、たれにする。

余ったらタッパーに並べ、蓋をして冷凍庫に

食べる時は冷凍のまま焼くか、ゆでて水餃子に

土曜日は
冷蔵庫見直しの日！
残った食材があったら
なるべく
食べきれるよう考えよう

今週は豚こま肉と
キャベツが余ったので
ニラと餃子の皮を
買い足して
使いきり！

「焼くだけ」or「レンチンだけ」でできる

簡単メインのバリエーション

1週間献立例でも見てきたように、毎日、1品のみ「焼くだけ」か「レンチンだけ」のメイン（主菜）を作れば、自炊は続けられます。確実においしい材料別のバリエを大公開！

豚こま肉で

時間 **10**分	難易度 ★ ★ ★
費用 **130**円	調理方法 🥄

簡単に味が決まる！

ごはんが進む♪ しょうが焼き

材料と切り方（1人分）

豚こま肉 … 120g
玉ねぎ … 1/4個（50g）（薄切り）

A | めんつゆ（2倍濃縮）… 大さじ2
　　 | しょうがチューブ … 2センチ

作り方

1. フライパンに**A**と玉ねぎを入れて中火にかける。ここに豚こま肉を広げながら、なるべく重ならないように入れる。菜箸で混ぜながら煮汁が少なくなるまで煮詰め、火を止める。

キャベツの千切り、
マヨネーズを添えるとgood！

材料と切り方 （1人分）

豚こま肉 … 150g
塩、こしょう … 少々
マヨネーズ … 大さじ1
パン粉 … 大さじ2〜3
油 … 大さじ1
ソース … お好みで

作り方

1. 豚こま肉は厚み1センチくらいのひとまとめにし、塩、こしょうをふってマヨネーズを塗る。周りにパン粉をまぶす。

2. フライパンに油をひき、1を入れて中火から弱火にかける。両面こんがりといい色になるまで5分ずつくらい焼く。食べやすく切って、器に盛りつけ、お好みでソースをかける。

ごはんにのせて
ソーストンカツ丼にしても

レタスやレモンを
添えるときれい

揚げなくても作れる！

豚こまde
トンカツ風

時間 **10**分
費用 **150**円
難易度 ★★☆
調理方法 🥄

にんにく醤油がうまうま！
ガーリックチキンステーキ

材料と切り方（1人分）

鶏もも肉 … 小1枚（250g）（4等分）
塩、こしょう … 少々
油 … 少々

A 醤油 … 小さじ2
　　 酒 … 小さじ1
　　 にんにくチューブ … 2センチ
　　 バター … 5g

作り方

1. 鶏もも肉は厚みを開いて均一にし、4等分にして、塩、こしょうをまぶす。フライパンに油をひいて皮を下にして中火で3分焼く。

   > 皮をしっかり焼くとおいしい

2. 皮がこんがりと焼き色がついてきたら裏返し、蓋をして5分ほど蒸し焼きにする。蓋を開け、**A**を入れて全体に絡める。

   > フライパンの余分な脂を
   > キッチンペーパーでふき取って
   > 調味料を入れるとなじみが良くなる

   > 写真はローズマリーの枝と
   > レモンを添えて

鶏もも肉で

時間 **15**分
費用 **250**円
難易度 ★ ★ ★
調理方法 🥄

| 時間 **15**分 | 難易度 ★ ★ ★ |
| 費用 **265**円 | 調理方法 🥄 |

カリッとした
仕上がりがおいしい
照り焼きチキン丼

▌材料と切り方 （1人分）

鶏もも肉 … 小1枚（250g）
　（一口大のそぎ切り）
塩、こしょう … 少々
片栗粉 … 大さじ1

> なければ薄力粉で
> 代用してもOK

油 … 大さじ1
ごはん … 1膳分（150g）
海苔 … 適量
青ねぎ … あれば（小口切り）

A ┃ めんつゆ（2倍濃縮）… 大さじ2
　　┃ 砂糖 … 小さじ1

▌作り方

1. 鶏もも肉は、塩、こしょうをふり片栗粉をまぶす。フライパンに油をひいて皮を下にして並べ、中火で焼く。

2. 皮がこんがりと焼き色がついてきたら裏返し、さらに4分ほど焼く。キッチンペーパーで余分な脂をふき取り、**A**を加えて全体に照りよく煮絡める。

3. 器にごはんを盛り、海苔をちぎってのせ、その上に**2**をのせる。あれば青ねぎを散らす。

> ごはんにのせず、お皿に
> 盛りつけておかずにしても♪

95

鶏むね肉で

ビールのおつまみにも
....

揚げないフライドチキン

▌ 材料と切り方 （1人分）

鶏むね肉 … 1/2枚（150g）
　（一口大のそぎ切り）
薄力粉、片栗粉 … 各大さじ1ずつ
油 … 大さじ1

A ┃ 塩、こしょう … 少々
　　 ┃ マヨネーズ … 大さじ1
　　 ┃ にんにくチューブ … 1センチ

▌ 作り方

1. 鶏むね肉は**A**をもみこみ、皿に入れた薄力粉と片栗粉の上で転がして周りに粉をまぶす。

2. フライパンに油をひき、中火にかける。**1**の肉を並べ、中火から弱火でカリッとなるまで3〜4分焼く。裏返して裏面も同様に3〜4分焼く。

衣が固まり、しっかり焦げ色が
ついてくるまで触らないのがコツ

焦げすぎるようなら火を弱めるが、
最後は温度を上げて
カリッと仕上げる

青みを添えるときれい。
写真はローズマリーの枝

さめてもしっとりやわらか
焼きチキンナゲット

材料と切り方 （1人分）

鶏むね肉 … 1/2枚（150g）
（皮をはずしてみじん切り）
油 … 大さじ1

A マヨネーズ … 大さじ1
　　 醤油 … 小さじ1
　　 塩、こしょう … 少々
　　 薄力粉 … 大さじ1

作り方

1. 鶏むね肉は皮をはずして薄切りにし、それを
細く切り、さらにみじん切りにする。ボウル
に入れて**A**と一緒に混ぜ、5等分に丸める。

> なるべく細かく切るためには、
> 包丁はよく切れるものを使うこと

2. フライパンに油をひき、中火にかける。**1**を
並べて片面がしっかり焼き色がつくまで3〜
4分ほど焼いたら裏返し、中火から弱火で3
〜4分ほど焼いて中まで火を通す。

> 青みを添えるときれい。
> 写真はベビーリーフを添えて

> マヨ＋ケチャップの
> ソースで食べても！

時間 **15**分　難易度 ★★☆
費用 **75**円　調理方法

ミートソースは
ごはんにかけても！

簡単ミートソース スパゲティ

材料と切り方 （1人分）

合いびき肉 … 150g
スパゲティ … 1人分（80g 〜 100g
くらいの量を袋の表示の通りにゆで
たもの）
粉チーズ … あれば

A | 塩、こしょう … 少々
ケチャップ … 大さじ2
ソース … 大さじ1
醤油 … 小さじ1
薄力粉 … 小さじ1

作り方

1. 耐熱コンテナに合いびき肉と**A**を入れ、軽く
混ぜる。

> 冷蔵庫に残っている玉ねぎ、セロリ、
> ピーマン、きのこなどをみじん切りし
> 合いびき肉に混ぜてもおいしくなる

2. 蓋を斜めにのせて600Wの電子レンジで4分
加熱する。蓋を開け、熱いうちにスプーンで
軽く混ぜる。

3. ゆでたスパゲティの上にのせ、あれば粉チー
ズをふる。

ひき肉で

| 時間 **15**分 | 難易度 ★ ★ ★ |
| 費用 **230**円 | 調理方法 |

時間 **10**分	難易度 ★★★
費用 *195*円	調理方法 📟

ソースがおいしい

レンジで簡単ミートボール

材料と切り方（1人分）

合いびき肉 … 150g
塩、こしょう … 少々
パン粉 … 大さじ1

A | ケチャップ … 大さじ2
　　| 醤油 … 小さじ1

作り方

1. ボウルに合いびき肉、塩、こしょう、パン粉を入れてよくこね混ぜ、5等分にする。

2. 耐熱コンテナに並べて蓋を斜めにのせて600Wの電子レンジで2分半加熱する。出てきた脂を捨て、**A**を入れて30秒加熱し、熱いうちに絡める。

千切りキャベツと一緒に
盛りつけるとGOOD！

時間	5 分	難易度 ★★★
費用	144 円	調理方法

鯖缶で
（さば）

難しそうな和食も缶詰とレンジで！

鯖と大根の味噌煮

材料と切り方（1人分）

鯖の水煮缶 … 1缶（190g）
大根 … 4センチ程度（100g）
　（皮をむき5ミリのいちょう切り）
青ねぎ(小口切り)、七味唐がらし … あれば

A 　味噌 … 大さじ1
　めんつゆ（2倍濃縮）… 大さじ1
　しょうがチューブ … 2センチ

作り方

1. 耐熱コンテナに大根と大きめにほぐした鯖缶（缶汁も入れる）と**A**を入れ、蓋を斜めにのせて600Wの電子レンジで4分加熱する。器に盛りつけ、あれば七味唐がらしをふり、青ねぎをのせる。

> 大根はなるべく薄く切ると
> 早く火が通る

> 夏の大根は固く、冬の大根は柔らかい。
> 季節によって大根の固さも辛みも違う

カレー味の和風おかず

鯖の和風カレー煮

材料と切り方（1人分）

鯖の水煮缶 … 1缶（190g）
しめじ …1/2株（石づきを取って
小房に分ける）

A | カレー粉 … 小さじ1
　 | めんつゆ（2倍濃縮）… 大さじ1

しめじの代わりにまいたけや
エリンギ、えのきなどでもOK

作り方

1. しめじは耐熱コンテナに入れる。鯖缶も入れて箸でほぐし（缶汁も入れる）**A**を加え、軽く混ぜる。

2. 蓋を斜めにのせて600Wの電子レンジで3分加熱する。熱いうちに混ぜる。

油揚げを入れてもおいしい

時間 **5**分　難易度 ★ ★ ★
費用 **180**円　調理方法

超速のっけごはん

作る気力がない夜や休日のランチや朝ごはんに、なぜかおいしいこの組み合わせ！　ごはんにのっけるだけのお急ぎどんぶりです。

ウインナー塩昆布バターのっけ

● 材料（1人分）

ウインナー … 2本
バター … 5g
塩昆布 … ひとつまみ
ごはん … 1膳分（150g）

● 作り方

1. ウインナーは耐熱コンテナに入れ、蓋を斜めにのせて600Wのレンジで20秒加熱する。ごはんの上にウインナーをのせ、塩昆布とバターをのせる。

ど どーんとのせて！

節約天丼

● 材料（1人分）

ちくわ… 1本（細切り）
天かす… 大さじ1～2
めんつゆ（2倍濃縮）… 小さじ1
ごはん… 1膳分（150g）
青ねぎ… あれば（小口切り）

● 作り方

1. ごはんの上にちくわと天かすをのせ、めんつゆをかける。あれば青ねぎを散らす。

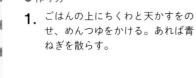

カニカマの海苔醤油丼

● 材料（1人分）

カニカマ … 2本（ほぐす）
海苔、醤油 … 各適量
ごはん … 1膳分（150g）

● 作り方

1. ごはんにカニカマをのせ、ちぎった海苔をのせ、醤油をかける。

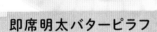

たらこスパの味

納豆オムチーズのせごはん

● 材料（1人分）

卵 … 1個
納豆 … 1パック
スライスチーズ … 1枚（ちぎる）
マヨネーズ … 大さじ1
ごはん … 1膳分（150g）

● 作り方

1. 耐熱のお碗などに卵を割り入れ、材料を全部入れて混ぜ、600Wのレンジで1分40秒加熱する。ごはんの上にのせる。

即席明太バターピラフ

● 材料（1人分）

たらこ … 1本
バター … 5g
醤油 … 少々
海苔 … 適量
ごはん … 1膳分（150g）

● 作り方

1. ごはんにたらことバターをのせ、ちぎった海苔を散らして醤油をかける。

やみつきになる味

3分でできる半作り置き

塩もみするだけ！　冷凍するだけ！　野菜の半作り置きを仕込んでおけば、
日持ちもするし、食べる直前のアレンジで、何パターンもの副菜が作れます。

すぐに食べてもおいしい
塩もみキャベツ

■ 材料 （作りやすい分量）

キャベツ … 1/2玉（500g）（一口大に手でちぎる）
塩… 小さじ1
油… 小さじ1

> サラダオイル、オリーブオイル、
> ごま油、それぞれ味わいが違う

■ 作り方

1. 一口大にちぎったキャベツを保存用ポリ
袋に入れ、塩と油を入れてよくなじませ、
袋の空気を抜きながら密封する。冷蔵庫
に入れて保存する。味がなじみ、キャベ
ツがしんなりしてきたら食べられる。

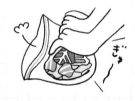

直後　　　　　　　　　　2 時間後

保存期間

冷蔵 **1** 週間

だんだんかさが減ってく
る（塩もみにすると、重
量はだいたい生の1割程
度減る）。

> 清潔な箸で取り出し、
> また密封しておくこと

アレンジ

- 塩もみキャベツのマヨサラダ　>>> p.80
- 塩もみキャベツの酢の物　>>> p.82
- 塩もみキャベツの味噌汁　>>> p.84
- 塩もみキャベツのおかか和え　>>> p.86
- 塩もみキャベツのスープ　>>> p.88
- 豚こましょうが焼き餃子　>>> p.90

冷凍するとうまみも栄養もUP!

冷凍ミックスきのこ

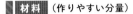

材料 （作りやすい分量）

しめじ、エリンギ、まいたけ、えのきだけなど
合わせて300g

作り方

1. きのこはそれぞれ石づきを落として手で
さいたり（エリンギ、まいたけ）、小房
にわけたり（しめじ）、半分の長さに切
ったり（えのきだけ）する。

> きのこは洗わないこと
> 汚れはキッチンペーパーなどでふく

2. 保存用のポリ袋に入れ、密閉して冷凍する。

> 厚手のポリ袋でもOK。
> 密閉の仕方は左ページと同様に

冷凍前　　　　　　　　　　冷凍後

保存期間
冷凍 **1** カ月

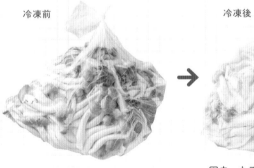

→

固まった直後（1日後）くらいに、
袋の上からすりこぎや瓶などでたた
くとバラバラになる。

> バラバラにしないとカチコチの
> 塊になるので要注意！

アレンジ
● ミックスきのこの味噌汁　>>> p.82
● ミックスきのこのナムル　>>> p.86
● ミックスきのこの味噌和え　>>> p.88

すぐに食べてもOK！ 彩りも◎

にんじんのマリネ

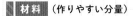

材料 （作りやすい分量）

にんじん … 1本（150g）（皮をむいて千切り）

A | 塩 … ひとつまみ
　　| オリーブオイル、酢 … 各小さじ1

作り方

1. 千切りにしたにんじんを保存用ポリ袋に入れ、**A**を入れてよくなじませ、袋の空気を抜きながら密閉する。冷蔵庫に入れて保存する。味がなじみ、にんじんがしんなりしてきたら食べられる。

> 千切りはスライサーを使用すると簡単

直後

→

2時間後

保存期間
冷蔵 **1** 週間

だんだんかさが減って、水分が出てくる。

にんじんのコールスローサラダ

● 材料（1人分）

にんじんのマリネ … 50 g
マヨネーズ … 小さじ1
砂糖 … 少々

● 作り方

1. にんじんのマリネをマヨネーズと砂糖
で和える。

にんじんのクリームチーズ和え

● 材料（1人分）

にんじんのマリネ … 50 g
クリームチーズ（個包装のもの）… 1個
こしょう … 少々

● 作り方

1. にんじんのマリネとちぎったクリーム
チーズ、こしょうを合わせる。和えて
食べるとおいしい。

にんじんのさっぱりきんぴら

● 材料（1人分）

にんじんのマリネ … 50 g
みりん … 小さじ1
白ごま…少々

● 作り方

1. にんじんのマリネを耐熱コンテナに入
れ、みりん小さじ1をかけて、蓋を斜
めにのせて600Wのレンジで1分加熱
する。熱いうちに混ぜて、白ごまをふ
る。

解凍するだけでゆでずに食べられる

冷凍小松菜

📋 材料 （作りやすい分量）

小松菜 … 1束（4〜5株・200g）
（4センチ長さに切る）

📋 作り方

1. 小松菜は洗って水気をキッチンペーパーでふき取り、根元を落とし、4センチ長さに切る。1食分ずつ（約40g程度）に小分けにしてラップに包む。厚手の密閉ポリ袋に入れて冷凍する。

必ず、水気をきっちり
ふき取って！

保存期間
冷凍 **1** カ月

冷凍前

→

冷凍後

小松菜は冷凍すると組織が壊れ、解凍するだけでゆでたような食感になる。

アレンジ

小松菜のレンジ煮びたし

● 材料（1人分）

冷凍小松菜 … 1食分（約40g）
めんつゆ（2倍濃縮）… 小さじ2

● 作り方

1. 冷凍小松菜を耐熱コンテナに入れ、めんつゆを入れ、600Wのレンジで1分加熱する。

....

小松菜のマヨ醤油

● 材料（1人分）

冷凍小松菜 … 1食分（約40g）
醤油、マヨネーズ … 各小さじ1

● 作り方

1. 冷凍小松菜をさっと水にくぐらせ解凍し、絞って器に入れ、醤油とマヨをかける。

> 冷凍していない小松菜を使う場合は
> ゆでるかレンジで1分加熱して

....

小松菜のごまナムル

● 材料（1人分）

冷凍小松菜 … 1食分（約40g）
塩 … 少々
ごま油、すりごま … 各小さじ1/2

● 作り方

1. 冷凍小松菜をさっと水にくぐらせ解凍し、絞って器に入れ、塩とごま油とすりごまを混ぜる。

> 冷凍していない小松菜を使う場合は
> ゆでるかレンジで1分加熱して

一瞬ですぐできる副菜

加熱なし！
1分以内に完成

加熱もいらない、何なら包丁も不要のものもある！ドレッシングをわざわざ買わなくても、いろんな味を楽しめる！

レタスのチーズ和え

● 材料（1人分）

レタス … 2枚（手でちぎる）

A ｜ 粉チーズ … 小さじ1
　　｜ 塩 … 少々
　　｜ オリーブオイル … 小さじ1

● 作り方

1. レタスを**A**で和える。

レタスがワインのおつまみに！

きゅうりのおかか和え

● 材料（1人分）

きゅうり … 1本（乱切り）
塩 … ひとつまみ
削り節 … 1/2袋
醤油 … 少々

● 作り方

1. きゅうりは塩をふり、手でもんで水気を絞る。

2. 醤油を軽くかけ、削り節で和える。

新しい
おいしさ！

トマトのケチャップ和え

● 材料（1人分）

トマト … 小1個（くし形切り）
ケチャップ … 大さじ1/2

● 作り方

1. トマトをケチャップで和える。

お好みでクリームチーズを
一緒に和えてもおいしい

ワインのつまみにも！

トマトのめんつゆお浸し

● 材料（1人分）

トマト … 小1個（くし形切り）
しょうがチューブ … 1センチ
めんつゆ（2倍濃縮）… 大さじ1

● 作り方

1. トマトを、しょうがとめんつゆで和える。

レタスのしょうがナムル

● 作り方（1人分）

レタス … 2枚（手でちぎる）

A | しょうがチューブ … 2センチ
　　 | 塩 … 少々
　　 | ごま油 … 小さじ1

● 作り方

1. レタスを**A**で和える。

初めての自炊

Lesson
3

1食200円台以下で

人が来た日の
映えごはん

まるでお店みたいな"料理上手風あこがレシピ"も、たった
200円程度で作れます! 材料も調味料も少ないのに簡単に
味が決まる最強レシピを大公開。人が来た日も安心です!

「料理上手!」とよばれる日も近い!

せっかくの
ひとり暮らしやし
彼とか友達とか呼んで
わたしがちゃんと
ごはん作れるところを
見てほしいな!

なーさんって
料理上手やな

彼▽

うふ💛そうかな〜
普通やで!

なにニヤニヤしてんねん?

せっかくの
ひとり暮らしやから
人が来た時に「すごい」って
言われるイキりおかずも
教えとこか

うっ!
なんで分かった
!?

みんな大好き
人気メニューの

春巻きやカルボナーラ
チーズインハンバーグ……!

料理上手風〜✨

材料、調味料
少なめで簡単に
おいしくできる
レシピ考えたで

M.k

簡単やのに
本格的な味!

あとは
カッコいい彼を
見つけるだけやな

ボン

ベーコンと卵のシンプルな旨み

全卵で作る
濃厚カルボナーラ

時間 **15**分 ── 難易度 ★★★
費用 **108**円 調理方法
（1人あたり）

材料と切り方 （2人分）

この章の材料は2人分です！
1人分なら半量で！

スパゲティ … 160g
ベーコン … 4枚（50g）（1センチ幅）
卵 … 2個
粉チーズ … 大さじ3
塩、オリーブオイル、こしょう … 各適量

作り方

1. 鍋に湯を沸かし、袋に書いてある通り
にスパゲティをゆでる。

> ゆで時間や塩の量を守って。
> 塩を入れることで下味がつきます

2. 卵はボウルに割り入れ、粉チーズを入
れてよく混ぜておく。

3. スパゲティをゆでている間にフライパ
ンにオリーブオイルをひいてこんがり
するまでベーコンを炒める。

4. スパゲティがゆで上がったら、ゆで汁
を50mℓだけ取り出し、麺はざるにあ
ける。**3**のフライパンに、麺と取り出
したゆで汁を入れてよく混ぜ、火を止
める。**2**の卵液を加えて余熱でよく混
ぜなじませる。器に盛りつけ、こしょ
うをふる。

> 盛りつける前に味を見て
> 物足りなければ塩を足して

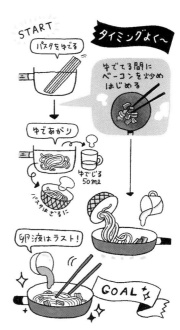

START
パスタをゆでる
タイミングよく〜
ゆでてる間に
ベーコンを炒め
はじめる
ゆであがり
ゆでじる
50mℓ
パスタはざるに
卵液はラスト！
GOAL

とろ～りチーズとソースが絶妙

チーズイン
ハンバーグ

| 時間 **15**分 | 難易度 ★★☆ |
| 費用 **170**円
（1人あたり） | 調理方法 |

材料と切り方 （2人分）

この章の材料は2人分です！
1人分なら半量で！

合いびき肉 … 200g
玉ねぎ … 1/2個（100g）（細かいみじん切り）
パン粉 … 1/2カップ　パン粉は食パン1/2枚を
　　　　　　　　　　　細かくちぎっても
卵 … 1個
スライスチーズ … 2枚
（あればとろけるタイプのチーズ）
塩、こしょう … 少々
油 … 少々
水 … 50㎖

A | ケチャップ … 大さじ3
　　 | ソース … 大さじ2
　　 | 水 … 大さじ3

作り方

1. チーズは1枚ずつ小さく折りたたむ。ボウルに合いびき肉、玉ねぎ、パン粉、卵、塩、こしょうを入れて手でよくこね混ぜ、2等分にする。

2. ひき肉だね1/2量を手の上にのせて広げ、チーズを中に入れて空気を抜きながらしっかり包んで成型する。これを2つ作る。

空気を抜く！

キャッチボールするようにして

3. フライパンに油をひいて中火にかけ、**2**のひき肉だねを並べる。2分ほど焼いてしっかり焼き色がついたらフライ返しで裏返し、1分ほど焼く。ハンバーグの周囲が焼き固まったら余分な油をキッチンペーパーでふき取り、水を注いで蓋をして中火から弱火で7分蒸し焼きにする。

ときどき、蓋を開けて
焦げていないかチェック

4. 蓋を開け、**A**を加えて、ソースをハンバーグにかけながら1分ほど煮る。

ベビーリーフなど野菜と
一緒に盛りつけるときれい

人が
来た日の
映えごはん
02

簡単チキンドリア

時間 **20**分　難易度 ★★☆
費用 **184**円（1人あたり）　調理方法

材料と切り方 （2人分）

この章の材料は2人分です！
1人分なら半量で！

鶏もも肉 … 小1枚（250g）（1センチ角）
玉ねぎ … 1/2個（100g）（薄切り）
ごはん … 2膳分（300g）
バター … 20g
薄力粉 … 大さじ3
牛乳 … 400mℓ
粉チーズ … 大さじ4
塩、こしょう … 少々

作り方

1. フライパンにバターと玉ねぎを入れて中火で炒める。しんなりしてきたら鶏もも肉も加え、色が変わるまで炒めたら軽く塩、こしょうをふる。

2. 弱火にして薄力粉をふり入れ、粉っぽさがなくなるまで炒めたら、牛乳を注いで木べらでかき混ぜながら中火でさらに加熱する。とろみがつくまで5分ほど煮て、塩ひとつまみ、こしょう少々で味を調える。

   薄力粉はダマにならないよう全体にパラパラとふり入れて

   ここで味見をちゃんとして

3. 耐熱グラタン皿にごはんを入れ、**2**をかける。粉チーズをふり、オーブントースターで焼き色がつくまで5分ほど焼く。

   グラタン皿は一つで焼くなら大きさ20cm角ぐらい。小さいお皿2つに分けて焼いてもOK

   必ず耐熱のものを使用して

ちょっとなつかしいあの味

喫茶店風
ナポリタン

時間 **15**分
費用 **115**円
（1人あたり）

難易度
★ ★ ☆

調理方法

材料と切り方 （2人分）

この章の材料は2人分です！
1人分なら半量で！

スパゲティ … 160g
玉ねぎ … 1/2個（100g）（薄切り）
ウインナー … 4本（斜め切り）
ピーマン … 1個（30g）（細切り）
オリーブオイル … 小さじ1
粉チーズ … お好みで

A │ 塩、こしょう … 少々
　　│ ケチャップ … 大さじ4
　　│ 牛乳 … 大さじ2
　　│ バター … 10g

作り方

1. 鍋に湯を沸かし、袋に書いてある通りに麺をゆでる。

ゆで時間や塩の分量を守って

2. スパゲティをゆでている間に、フライパンにオリーブオイルをひいて玉ねぎとピーマンを炒め、しんなりしてきたらウインナーも入れて炒める。**A**を加えて混ぜ合わせ、火を止める。

3. ゆで上がった麺の湯をきり、**2**に入れて手早く混ぜて全体に絡める。器に盛りつけ、お好みで粉チーズをふる。

半熟の目玉焼きをのせても！

熱々を頬張りたい！
....

材料少なめ
焼き春巻き

時間 **20**分
費用 **154**円（1人あたり）
難易度 ★ ★ ★
調理方法

▋材料と切り方（2人分）

この章の材料は2人分です！
1人分なら半量で！

春巻きの皮 … 4枚
豚こま肉 … 150g（2センチ幅）
にんじん … 1/2本（75g）（千切り）
ニラ … 1/2束（50g）（4センチ長さ）
油 … 大さじ1
からし、醤油 … お好みで

A 塩、こしょう … 少々
　　醤油 … 小さじ1
　　片栗粉 … 小さじ1
　　ごま油 … 小さじ1

▋作り方

1. 耐熱コンテナに豚こま肉を入れて**A**を混ぜ、にんじんとニラも入れて蓋を斜めにかけ、600Wの電子レンジで4分加熱する。熱いうちに混ぜる。

具が熱いうちに巻くと、
皮が破れます！

2. **1**の具が完全に冷めるまでおき、皮に1/4量ずつのせて巻く。

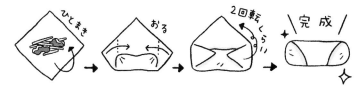

ひとまき → おる → 2回転くらい → 完成

3. フライパンに油をひいて中火にかけ、**2**の巻き終わりを下にして並べ、きつね色になるまで転がしながら全体を焼く。食べやすく切って、器に盛りつけ、お好みでからしと醤油を添える。

具は火が通っているので皮が
パリッとして色がつけばOK

余った皮は、乾燥しないように
ラップで密閉して冷凍。
解凍する時は冷蔵庫で

122

何杯でもおかわりしたくなる！

しっかり味の
炊き込みごはん

時間	**1** 時間	難易度
費用	**117** 円 （1人あたり）	★ ★ ★
		調理方法

▌材料と切り方 （1合分）　だいたい2人分くらい

米 … 1合
鶏もも肉 … 1/2枚（125g）（2センチ角）
しめじ … 1/2株（または冷凍きのこ50g）（しめじは小房に分ける）
油揚げ … 1/2枚（1センチ角）

A ｜ めんつゆ（2倍濃縮）… 大さじ2
｜ 塩 … ひとつまみ

▌作り方

1. 米は研いで内釜に入れ、分量の水（1合なら1合の線まで）をそそいで15分おく。

2. 鶏もも肉、しめじ、油揚げを全部小鍋に入れ、**A**を入れて中火にかける。肉の色が変わり、しめじがしんなりとなって煮汁がなくなるまでしっかり煮詰めたら火を止める。

3. **1**に**2**をのせ、炊飯器で炊飯する。

のせるだけでOK。
かき混ぜる必要はなし

余ったら、保温のままにせず、
一食分ずつラップして冷凍！

余った食パンで作れる！

チーズ焼き
プディング

材料と切り方 （2人分）

この章の材料は2人分です！
1人分なら半量で！

食パン（5枚切り）… 2枚（3センチ角）
卵 … 2個
牛乳 … 300㎖
砂糖 … 大さじ2
粉チーズ … 大さじ2
バター … 20g
レモン、はちみつ … あればお好みで

作り方

1. 3センチ角に切った食パンを耐熱皿に入れる。ボウルに卵、砂糖、牛乳を入れてよく混ぜ、耐熱皿の中の食パンにまんべんなくかける。

2. 600Wの電子レンジで3分加熱し、取り出して粉チーズをふりかけ、バターをきざんでところどころにちりばめる。

   電子レンジは
   ラップしなくてOK

   電子レンジから出すと
   水分はほぼない状態

3. 2をオーブントースターに入れて、焦げ目がつくまで4分ほど焼く。

   そのままでもOKだが、
   はちみつやレモンをかけて、
   味変してもおいしい

見映えするトースト

朝ごはんが素敵だと一日のテンションがあがります！
SNS投稿したくなるような、カフェ風トーストです。

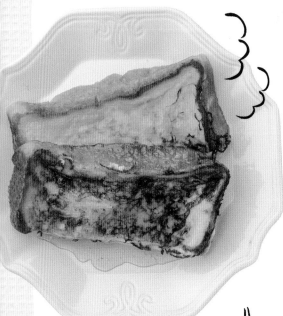

ふわふわしっとり
フレンチトースト

● 材料（1人分）

食パン（5枚切り）… 1枚
卵 … 1個
牛乳 … 100㎖
砂糖 … 大さじ1
バター … 10g
はちみつ … お好みで

● 作り方

1. パンは2等分に切り、ボウルに卵、
砂糖、牛乳を入れてよく混ぜて食パ
ンを浸し、しみ込ませる。

> 前の日の夜にやって
> 冷蔵庫に入れておくと楽

2. フライパンにバターを入れて中火に
かけ、**1**を並べ、蓋をしながら両面
こんがり焼き色がつくまで焼く。お
好みではちみつをかける。

甘じょっぱい
バナナベーコントースト

● 材料（1人分）

食パン … 1枚
バナナ … 1本（たて半分に）
ベーコン … 1枚（2センチ幅に切る）
バター … 5g
はちみつ、こしょう … お好みで

● 作り方

1. バナナを食パンにのせ、ベーコンを
その上にのせ、バターをのせてトー
スターで焦げ目がつくまで5分ほど
焼く。お好みではちみつとこしょう
をかける。

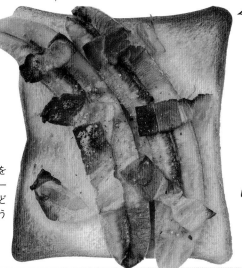

アメリカンな見た目と味！

クワトロフォルマッジ風トースト

● 材料（1人分）

食パン … 1枚
バター … 5g
スライスチーズ（あればとろける
タイプ）… 1枚
はちみつ、こしょう … 適量

● 作り方

1. 食パンにバターをのせ、その上にスライスチーズをのせてトースターで焦げ目がつくまで5分ほど焼く。はちみつ、こしょうを掛ける。

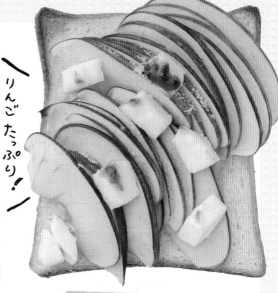

りんごたっぷり！

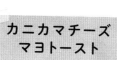

アップルパイ風トースト

● 材料（1人分）

食パン … 1枚
リンゴ … 1/4個（薄切り）
クリームチーズ（個包装のもの）… 1個
砂糖 … 小さじ1
バター … 5g

● 作り方

1. 食パンにリンゴをのせ、ちぎったクリームチーズとバターを散らし、砂糖を全体にふりかける。トースターで焦げ目がつくまで5分ほど焼く。

カニカマチーズマヨトースト

● 材料（1人分）

食パン … 1枚
カニカマ … 2〜3本（ほぐす）
クリームチーズ（個包装のもの）… 1個
マヨネーズ … 適量

● 作り方

1. 食パンにほぐしたカニカマを広げ、クリームチーズをちぎってのせる。マヨネーズを細く絞り、トースターで焦げ目がつくまで焼く。

こしょうをふっても
おいしい

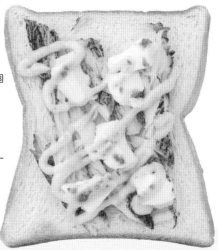

ひとり暮らしを楽しんで！

「わたしのための本を作ってよ！　その本を持ってひとり暮らしを
始めたいから！」
そんな長女の冗談とも本気ともつかない何気ない一言をきっかけに
この本はできました。同じく大学生の娘さんを持つ編集者のIさん
に企画書を持ち込んで熱弁し、「わたしのギャラはナシでもいいで
すから！」と頼み込んで作ってもらった本です。

　お互いに年頃の子どもを持つ親の目線になり、
「そういえばこれも教えてないかも。うちの子知らんわ、きっと」
「たしかに！　それ教えとかなあかん。今後、自炊を挫折してしま
うかどうかの大事なポイントやわ」
と、自炊を始めたら、きっと悩むであろうポイントを細かく探し、
何度も話し合いを重ね、話し合うたびに2人とも、どんどん子ども
に教えておきたいことが増えて困りました。

　ふだん、料理をする人間なら当たり前に知っているであろう、料
理の常識も専門用語もなるべく避け、初心者の方にも
「これならひとりでも作れそう！」
と思ってもらえるように、何度も原稿を娘に渡して
「書き方や表現がわからないところはない？」
とチェックしてもらいました。Iさんの娘さんにはまだ仮のレシピ

ででき上がり写真もなしの状態で、文章を読んだだけで果たしておいしく作れるか？に挑戦していただいたりもしました。

教科書みたいな堅苦しい印象のある調理工程の写真ではなく、かわいいイラストでの説明もたくさん入れました。

　この本は、親のうるさすぎるほどの愛に溢れた1冊になっていると思います。

いかに実家での生活がありがたかったかを噛みしめながら、これから「ひとり暮らし」を楽しんでください。

　迷ったり悩んだりしたら何度も開いて、よく作るレシピには付箋を貼り、アレンジレシピや代替食材をメモ書きし、ボロボロになっていくのであろうこの本を、いつか見せてもらうのを母さんは今からとても楽しみにしています。

井上かなえ

（最後に、長女がどうしても伝えたいとのことで……。
2018年に出した「てんきち母ちゃんの　あるものだけで10分作りおき」〈文藝春秋刊〉の本も、働きながら自炊する長女のバイブルになりそう、とのこと。ぜひ、この本も併せて買うように皆様に伝えてほしい、との要望がありましたので、ここにて伝えさせていただきます）

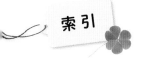
索引

ごはん・麺類・小麦粉製品

[著者]

井上かなえ（いのうえ・かなえ）

料理家。兵庫県在住。2005年にスタートした3人の子どもたちとのリアルな日常と日々のごはんを綴ったブログ「母ちゃんちの晩御飯とどたばた日記」はライブドアブログで2018年に殿堂入りし、レジェンドブログに。簡単な手順で確実においしくできるレシピが人気で、東京・神戸での料理教室開催、雑誌、TV、食品メーカーのレシピ考案などでも活躍中。累計48万部のベストセラーとなった「てんきち母ちゃんちの毎日ごはん」シリーズ（宝島社）や、累計15万部の「てんきち母ちゃんの　あるものだけで」シリーズ（文藝春秋）、「てんきち母ちゃんのらくべん！」（ダイヤモンド社）など著書多数。ブロガーとしてデビュー当時、小学生だった長男てんきちは社会人、幼稚園児だった長女なーさんは大学を卒業して今年社会人に、次女のすぅさんは成人し、大学3年生に。新たな家族の局面を迎えている。

1週間1500円で毎日おいしい

てんきち母ちゃんの　はじめての自炊 練習帖

2023年 2 月14日　　第 1 刷発行
2023年11月29日　　第 3 刷発行

著　者──井上かなえ
発行所──ダイヤモンド社
　　　　　〒150-8409　東京都渋谷区神宮前6-12-17
　　　　　https://www.diamond.co.jp/
　　　　　電話／03・5778・7233（編集）　03・5778・7240（販売）
ブックデザイン──那須彩子（苺デザイン）
撮影─────松園多聞
マンガ・イラスト──てらいまき
校正─────鷗来堂、NA Lab.
ＤＴＰ────エヴリ・シンク
製作進行───ダイヤモンド・グラフィック社
印刷─────勇進印刷
製本─────ブックアート
special thanks──なーさん
編集担当───井上敬子